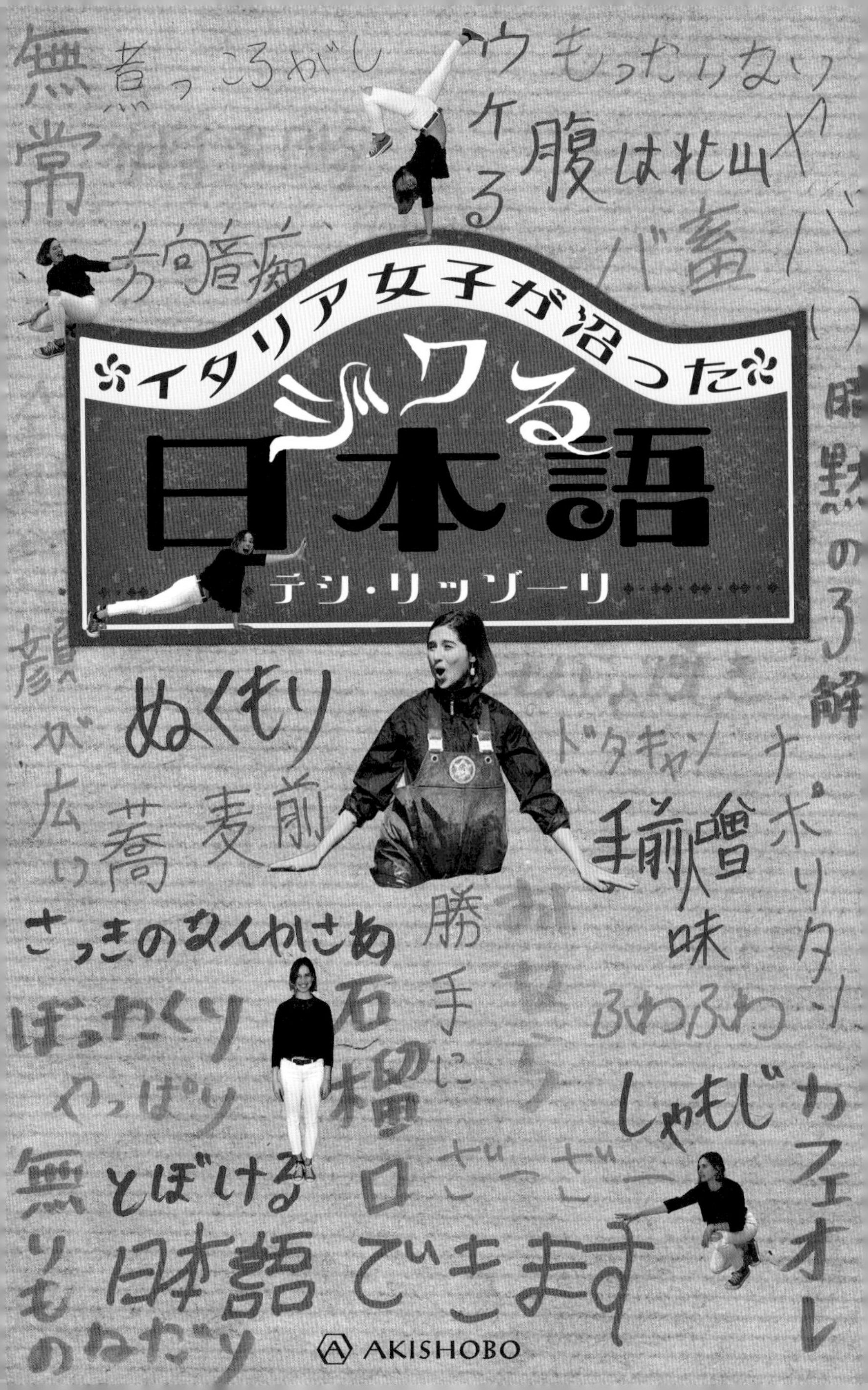
イタリア女子が沼った
ジワる
日本語
デシ・リッゾーリ
AKISHOBO
無常
煮っころがし
ウケる
腹は北山
方向音痴
暗黙の了解
顔が広い
ぬくもり
ドタキャン
ナポリタン
蕎麦前
手前味噌
勝手に
ぼったくり
やっぱり
とぼける
ふわふわ
しゃもじ
カフェオレ
日本語できます

近所のお豆腐屋さんでおぼろ豆腐を購入

ケンブリッジ大学の卒業式にて

東京で暮らしている古民家の部屋

Aperitivo

“案じるより団子汁”

Antipasto

はじめに

「テシさんですか」
「ですです！」
ついノリのいい鹿児島弁でそう答えたくなるけれど、初対面の方にはできるだけ標準語で「はい、そうです。テシと申します」と答えるように心がけている。

じつは、イタリアでの私の本名はテッサだ。でも、日本ではテシと名乗っている。はじめてちゃんと日本語を勉強したとき、カタカナの「シ」が笑顔を表す絵文字に似ていることに気づいた。感銘を受けた私は、カタカナで書く自分の名前に「シ」の字を入れたいと思い、日本にいるときは「テシ」で通している。漢字で書くときは「輝織」だ。「輝」という明るい字と、文化と文化のつながりを表す糸偏をもった「織」はお気に入りの字だ。

生まれはオーストラリアの首都キャンベラ。庭にあった小さなプールの中で産声をあげたそうだ。両親はイタリア人で、私の国籍もイタリア。物心つく前に、一家でイタリア北部の小さな街トレント（人口約12万人）へ移り住んだ。私にはふたりの大好きな兄妹《きょうだい》がいる。コロンビアのボゴタ生まれの兄アルーナと、トレント生まれの妹アジアだ。

中学生（15歳）のときから、自分の力でドイツのベルリン、南米のチリ、そしてイギリスの学校に短期留学を続け、ドイツ語、英語、スペイン語を身につけた。

イギリスの高校にいたとき、日本語との奇跡的な出合いをした。俳句の切れ字に魅了されたのだ。ほかの言語には訳せない言葉が多い日本の文化、日本人にしかわからない世の中の美しさを自分も感じてみたい、そう思った。

２０１６年に念願叶ってイギリス・ケンブリッジ大学アジア・中東学部の日本学科に入学。２０１８年には一年間東京の上智大学へ留学し、その滞在中に日本文化や海外の現状を配信するユーチューブチャンネル（「ねばねばチャンネル」）を大学の友達といっしょに開設した。その後も、新型コロナウイルスのパンデミック期間を経て今日に至るまで、「サムライフラッグチャンネル」「日本に沼《ぬま》ったテシちゃんねる」と幅を広げ動画配信を続けてきた。

ロンドンとローマに住んでいた２０２０年から２０２２年にかけては、コロナ禍《か》におけるヨーロッパの状況を日本語で動画発信。それを知って声をかけてくれた日本のテレビ関係者との出会いから、ロンドンにある日本のメディア企業にしばらく勤めた。

その後しばらしてフリーとなり、コロナ禍で入国が遮断されていた日本にどうしても戻りたいという夢を追いかけ、新設されたばかりの未来創造人材ビザで2023年8月、ふたたび日本にやってきた。

もう、留学生でもなければ、観光客でもない。自立したひとりの社会人として、この国で生き、経験し、感じ、味わい、さまざまな思考を重ねながら、自分にしかできない仕事や活動を続けていきたい、そう心を燃やしているところだ。

いま滞在している東京の古民家は、第二次世界大戦時の戦火を逃れた昔ながらのたたずまいが残る一角にある。朝は近くのお豆腐屋さんで木綿豆腐を一丁買ってきて、オリーブオイルと塩、お醤油をかけて食べるのが日課だ。たまに気分を変えて、お豆腐に柚子胡椒を添え、ゴマを振って食べることもある。すごくおいしいのでおススメだ。

さて、日本にある程度暮らすようになると、飽きてくるどころか毎日新たな気づきや驚きが尽きないので、どこへ行っても何を見ても好奇心の針が全開に振れる。これは日本で生活している外国人にとっては「あるある」かもしれない。

ただ私の場合、圧倒的に興味を惹《ひ》かれるのは日本の言葉だ。

駅の乗換を案内する表示、ホームで繰り返される駅員のアナウンス、若者が今どきの口調で交わす恋愛トーク、銭湯で出会ったおばさんから言われた「顔がちっちゃいねぇ」、カフェの店員さんの決まり文句「またお待ちしております」、御手洗団子《みたらしだんご》がお手洗いと同じ漢字であること、ごはんをよそう「しゃもじ」はもともと「杓子」と書き、宮中に勤める女房たちが上品な言葉遣いに変えたものだということ、「足湯」だけでも興味深いのに、新宿二丁目には足湯カフェなるものがあったこと、パサパサ、サラサラ、ふわふわ、ざーざー……語感でイメージを伝える風変わりなオノマトペ（擬音語）の数々。ああ、日本語のシャワーを浴びつづけられるこの至福の日々。いまだに（これは夢かな、いや夢じゃない！）と朝ふとんのなかで目を覚ますたびに思ったりする。

この本は、イタリア語を母語とし、イギリスの大学で学んだ私が、日本人と日本文化、そして日本語に触れながら旅を続けてきた現在進行形の記録だ。未来の私へ贈る手紙でもある。

最後までお付き合いいただけたらうれしい。

イタリア女子が沼った ジワる日本語

Menù della casa

もくじ

Secondo Piatto

弐 旅する日本語

Contorno

参

私の日伊英道中膝栗毛 145

Dolce

肆 言葉たちを抱きしめて

壱

ジワるコトバ、刺さるコトバ

Primo Piatto

ただいま！

「日本にお住まいになるのですね」
羽田空港の到着ゲートで、税関の係員から投げかけられたひと言。
私の手には新しい在留カードが握られている。これから始まる日本での生活の幕開けを象徴するちいさな一枚。ふと目をやって、思わずニヤニヤしてしまう。心躍る気分。そしてまた、期待と不安の交錯する感情が胸に満ちてきた。

２０２３年7月、私は日本が発行する未来創造人材ビザを手に入れた。仕事や就職活動が可能な一年間のビザ（最長二年）で、これがあれば一つの会社に勤める必要もなく、自由に動き回ることができる。まさに私の求めていた最強のカードだった。同年新設されたばかりのビザで、私が取得の申請に赴いたイタリア・ミラノにある日本領事館では、「これをイタリアで申請するのはあなたが初めてですよ」と驚かれた。認可の可否を待つ緊張の日々、ビザが下りたと聞いたときの喜びは今も忘れられない。

これまでは、大学3年時の留学で過ごした一年間をのぞき、三カ月の期限がついた観光ビザでしか日本にいられなかった。だからこそ、今回の長期滞在でも貴重な時間はとにかく最大限に活用したい。

羽田空港から京成スカイライナーでまっすぐ都内に向かった。地下鉄に乗り換えて銀座駅構内のコインロッカーに大きな荷物を押し込む。そして、銀座八丁目の銭湯「金春湯《こんぱるゆ》」へ一直線。江戸時代末期（１８６３年）創業の老舗湯に、たった５２０円でのんびり浸かれるなんて幸せだ。湯船に張られた熱いお湯のなかで伝統の魅力に包まれる。最高に癒される時間。この瞬間をどれだけ楽しみにしていたか。

湯上がりのさっぱりした気分は何ともいえない。軽くなった足取りで、知り合いと約束していた天ぷら料理店に向かった。ぺこぺこのお腹に、ちょっと贅沢な「天政」のコース料理。待ちに待った滞在初日のご馳走だ。おいしい天ぷらに舌鼓を打った。

店を出ると、待ち合わせていた友人に連れられて初めてキャバクラに入った。男性のお客さんしか行かないところだよねと思いつつ、自分もホステスさんから接客を受け、丁寧な物腰にドギマギする。話している女性が急に立って離れていき、「へえ、もう行っちゃうの？」と思ったけれど、すぐ新しいホステスさんが来て、ふたたび話が始まった。「こんな感じなんですね」と私。

最後は、京都から運ばれてきた本物の狩野派の図屏風などが店内を飾る銀座のゲイバーへ。私がメガネをかけていることに気づいた若いホストがすぐにメガネ置きとメガネ拭きをテーブルまでもってきてくれた。トイレには日本語の詩が印刷されたトイレットペーパーが据えられていて、日本のおもてなしもここまで来るとすごいな、と驚くやらうれしいやら。

ああ、私は日本に帰ってきたんだ。（ただいま！）と心の中で叫んだ。

日本と日本語に沼ったきっかけ

この世界には、二百程度ある国の数よりはるかに多い言語が存在する。その数は六千とも七千とも言われている。

そんななかから、私はどうして日本語を選んだのか。

「漫画やアニメが好きだから」と答えられたなら話はもっと簡単だ。たしかに、兄の影響もあって小さいころはイタリアでよくアニメを観ていた。でも当時は、それが日本のものだとはまったく知らなかった。いま思えば、ドラえもんがドラ焼きを食べたり、部屋に畳が敷かれていたり、押入れがあったりと日本要素が満載だったのに。それから年を重ねると、『ＧＴＯ』や『デスノート』が好きになった。

でも、私が日本語を学ぼうと思ったきっかけは別にあった。日本語と日本文化に触れたくて、それを大学で専攻したいと思った経緯は、順に書くとこんな感じだ。

●飛込競技の先生と漢字

イタリアの小学校は午後4時15分に授業が終わる。校門を出るとおばあちゃんが待っていてくれて、いつもリコッタチーズとジャムの入ったパンかカボチャのパンを渡してくれた。それを受け取って、雨の日も風の日も自転車を飛ばしてプールへ向かい、飛び込みをしていた。

飛込競技は人気のないスポーツだったけれど、私はとても好きだったし、その分野では有名な先生に教えてもらっていた。彼女の名前はジュリアーナ。すごく厳しかったけれど成長させてもらった。一度、板で反動をつけて跳ぼうとして滑り、背中から全身をボードにぶつけたことがある。まだその痕《あと》が残っているくらいだ。そのとき先生はこう言った。

「いまの飛び込みをもう一度やろう。すぐやっておかないと怖くなってしまうから」

私が何も言えないでいると、重ねて、「恐怖って何だと思う？　ためしに明日、恐怖をお皿に乗せてもってきてみてよ。それって、単なる空のお皿になるよね。つまり、恐怖って私たちの頭にしか入っていないものなのよ」。

漢字という見知らぬ文字に触れる機会をくれたのもジュリアーナ先生だった。

「この子たちを見て」

飛込競技に打ち込む中国の子どもたちの動画をよく見せてくれて、そこに表示されるテロップで、漢字を初めて目にした。気がつけば、いつの間にか飛び込みより漢字のほうばかり目で追っていた。いつかローマ字とはちがう言語を学べたらいいなと、そのとき思った。

それが日本語になろうとは、当時はまったく想像もしていなかった。

●ロレッタ先生の影響

母は五人兄妹《きょうだい》で、ひとりをのぞくと全員が教師だった。だから、子どものころから母の同僚や友人など、先生と関わる機会が多かった。美術の先生ロレッタもそのうちのひとりだ。彼女は書道や日本の美術に興味があって、十五年以上にわたり毎年京都を訪れていた。うちに泊まりにきたときは、いつも日本の話を聞かせてくれた。

なかでも印象に残っているのは、日本人がモッツァレッラチーズをピザの上に整列させたというエピソードだ。ロレッタ先生が切っておいたモッツァレッラを日本人の友達にピザに乗せるようお願いした。すると、その男性は一個ずつ丁寧に、ピザの上に同間隔で並べたそうだ。イタリア人なら何も考えずにバーンとちらばらせて、はい終わり。日本人の繊細さにロレッタ先生は驚いたという。子どもだった私も、その話を聞いてすごく興味を覚えた。

●日本人留学生と過ごした時間

高校生のとき一年間イギリスに留学していたのだけれど、当時いちばん仲が良かったキャサリンというイギリス人の友達が、すごい日本ラバーだった。彼女のバッグはお寿司がたくさん描かれた柄で、着ているTシャツにも日本語が書かれていた。

彼女は交換留学で日本に行ったことがあると言った。私たちの高校は広島県のある高校と提携していて、毎年日本人の高校生が数人やってきていた。ふたたび日本に対する興味が湧き上がったのは、そのときの印象が大きい。彼らと机を並べて話をし、俳句というものを教わり、英語やイタリア語にはない季語や切れ字といった豊かな表現法に魅せられた。そうして私は、日本語という底なし沼に少しずつ引き寄せられていった。

「日本語は箪笥だ」

「日本語は大きな箪笥《たんす》だと思ってください」

そう言ったのはケンブリッジ大学のある日本語の先生だった。

日本語という箪笥にはたくさんの引き出しがついている。それぞれの引き出しには敬語、尊敬語、謙譲語、丁寧語、標準語、方言、外来語、擬音語などが入っている。状況を見ながら、そのときに適した引き出しを開けて言葉を使いこなせるようになったら、「日本語がじょうずになった」と言っていい。

「『日本語おじょうずですね』と言われているうちは、実際にはまだまだと思ったほうがいい」そんな話だったと思う。

日本で生活しているなかで、ふとこの箪笥を思い出すことがある。

大学3年時、東京留学中のことだ。私は無宗教で知識はまったくないのだけれど、あるとき大教室でやっているキリスト教の講義に潜り込んでみた。授業自体はあまりおもしろくなくて、みんな机に突っ伏して居眠りしていたけれど、たまたま隣に座っていた人と仲良くなった。もうその講義に行くことはなかったけれど、ある日彼女のことを「さん」を付けずに呼んだら「呼び捨てにしてくれてありがとう！　めっちゃうれしい」と言われた。「さん」をなくすだけでそれほど喜んでもらえるとは思ってもみなかったので、逆にびっくりした。でも、それならと別の友達やホストファミリーにタメ口言葉を使ってみたら、丁寧語にしたほうがいいよと指摘を受けた。

いつになったら日本語の箪笥を使いこなせるようになれるのだろうか。

無尽蔵な一人称

日本語には驚くほどたくさんの一人称がある。

一人称といって私が思い出すのは、与謝野晶子が雑誌「青踏」に寄せたこの言葉だ。

「一人称にてのみ物書かばや。われは女《おなご》ぞ」

自分の言葉で語り、女性であるということに誇りをもって生きることを忘れてはいけない。そんなパワフルな名言だ。

公的な場でも使えるもっとも一般的な一人称は「わたし、わたくし」だろう。性別も問わないし便利だ。自分自身ふだんから「私」と言っている。この本でもそうだ。

これが話し言葉や昔の用例になると、がぜん生き生きとした単語があふれだす。

「僕」「俺」「自分」「儂《わし》」「我《われ》」「手前」「朕《ちん》」「麿《まろ》」「某《それがし》」「吾輩《わがはい》」「小生《しょうせい》」「拙者《せっしゃ》」「あっし」「あちき」「あたい」「わらわ」「おのれ」「うぬ」「おら」「おいら」「おい」「わい」「わて」「うち」……

こんなに多様な一人称をもつ言語は、世界でもめずらしいのではないかと思う。

日本語に一人称が多い理由としては、他人との関係性が大事な社会だからだろう。アイデンティティのちがいであったり、年齢差、家族の間、仕事や年齢の上下関係などによって、どんな言葉を使うべきかを決める空気感が変わる。敬語も同じで、それを使うことによって上下関係が決まるし、それをおたがいに確認し合う意味をもつ。

　イタリアやイギリスなどでは、どこで誰といっしょにいようが「私は私」というのが当たり前だけれど、相手によって自分を言い表す人称名詞が変わるのは、八百万《やおよろず》の神が宿る日本らしい特徴かもしれない。どんな言い回しを選ぶかによって、自由にアイデンティティを切り替えていくことができる。そういう意味では、「状況に応じて人生を演じる感性豊かな人々」ともいえそうだ。

　生き物のように変化しながら二千年以上続いてきた言語の神秘性に惹かれ、私は日本に来てからますます日本語に〝沼《ぬま》って〟いる。

　ちなみに、いまこの文章を書いているのは、与謝野晶子も訪れた神奈川県下足柄郡の温泉郷、湯河原のとあるカフェだ。多くの文豪がこの地で湯に浸かり、山々を眺めながら、執筆や自分の人生について思いを巡らせてきた。私もそれにあやかって、少しでもいい文章が書けたらいいな。

私は社畜にあらず——バ畜

「畜《ちく》」という字は留学中に初めて知った。畜産、畜牛、家畜、牧畜……。

　どれも「飼われている獣」という意味だけれど、それとはちょっと異なるおもしろい別の表現にも出合った。「バ畜」だ。あなたは、この意味がわかるだろうか。

コロナ禍に日本企業のロンドン支局で働いていたときのこと、局長が夜中まで事務所で仕事していて、こんな会話をした。

「やることが多くてまだここを出られないから、いっそオフィスを今からカラオケ化しようかな」と日本人の局長。

「それはすごいですね、楽しんでください。私はカナリーワーフに寄って帰ります」

「カラオケって、仕事をしながらひとりで鼻歌を歌っているという意味ですからね（笑）。ほんとはそんなことより、ボクも早く仕事を終わらせて帰りたいよ。テシさんはHave a nice Friday. 日本語で言うなら〝ハナキン〟を楽しんで」

そんな彼の言葉に、「仕事たいへんですね」と応えると、

「まあ、社畜の楽しみなんて、社内カラオケくらいしか思いつかないよ」

そこで、いまの状況をユーチューブの動画にしたらおもしろいかもと言い合った。

「早く仕事を終わらせたい！　オフィスでカラオケに興じる社畜の究極残業術」

そんなタイトルにすればバズるのでは、とふたりで笑った。

「でも、社畜って悲しい言葉ですね。〝畜〟の字がつくだけで家畜とか畜産のイメージがして、働く人間にとっては救いがない感じがします」

「それなー。マジぴえんですわ」

仕事のために、ときには徹夜せざるを得ない日もあるかもしれない。そんなとき、自身のことを自嘲ぎみに「もう社畜ですよ（笑）」と言う人たちに、私は心から応援の声を届けたいと思う。それが会社のためであったとしても、少しでも自分の好きなことであってほしいと祈るばかりだ。

社畜の例だけでも衝撃的なのに、最近では日々コツコツとバイトに励む人のことをバ畜（「バイト畜」の短縮形）と呼ぶようになったなんて、さらにすごいなと思う。でも考えてみれば、18歳のころは私もまさにバ畜だった。

早く運転免許が欲しくて、教習代を支払うためにまとまったお金が必要だった。住んでいたイタリア・トレントのあらゆる飲食店を訪れて履歴書を渡し、大聖堂のある大きな広場に面したジェラテリア（ジェラート屋）で採用してもらえた。外の広場にまでいつも行列ができている人気店だった。冬の営業時間は午後10時までだけれど、それ以外は深夜1時までやっている。

あのころは毎朝学校に行ったあと、午後から夜遅くまでジェラートを売りつづけていた。あれはバ畜だったなあ。イタリアでは日本みたいにバイトを見つけるのも簡単じゃないし、勉強しながらバイトまでする高校生は少なかったけれど、夢中で働いていた。

おいしいジェラート屋の見分け方――バ畜の杵柄

ジェラート屋の選び方について、ぜひみなさんにコツを一つお教えしたい。
イタリアでは、店頭のショーケース内でちゃんと冷却容器に蓋《ふた》がされているジェラートのほうが本格的でおいしい。ジェラートを入れた容器に上蓋をしていない店では、すぐ溶けないようにする食品添加物をジェラートに混入している場合が多いからだ。無添加のピュアなジェラートは、常温に触れていたらすぐに溶けてしまう。だから容器は常に低温に保っておく必要がある。

お客さんが来たら注文を取り、ジェラートを混ぜて柔らかくしてからコーンまたはカップに綺麗に入れていく。だから、店頭でパッと中身が見える店よりも提供するまでに時間がかかるのだ。でも、その日の使い切りだから舌触りはなめらかだし、甘みも控えめで味は圧倒的にいい。

イタリアに来ておいしいジェラートを食べたいと思ったら、ちゃんと蓋がしてあるお店を探してほしい。フィレンツェの観光スポットなどによくある、山の形に盛り固められたジェラートを見るたびに、これは本物じゃないし、値段も詐《さ》欺《ぎ》まがいでしかないと思う。

ジェラート屋さんでのバ畜生活で、私が知ったことを他にもいくつか挙げてみる。

●カラーピナ：イタリア人でもほとんど聞いたことがない言葉だが、蓋のあるジェラートが入っている容器のこと。

●マンテカーレ：「練る。混ぜる。リゾットを作るとき最後にバターを入れる」ことから転じて乳化させるという意味。ジェラートを作る最後の段階で、ジェラートを盛りつけやすい形にするために混ぜ、空気を含ませたりすることを指していう。

●（ローマ以南では）ジェラートへのホイップクリームのトッピングは無料。

●毎日17時少し前にトローネ（アーモンド、卵白、はちみつなどを混ぜて焼いたお菓子）のジェラートとクレマ（私がバイトしていたジェラート屋さんの名物）の中カップを注文して、レシートを17時ぴったりの時間に印刷してほしいという常連さんが来る。

●あるジェラート屋がおいしいかどうかを判断するには、ピスタチオ味を注文すればいい。ピスタチオがおいしければ質のいいジェラート屋さんだと言われている。

●たとえお客さんが店にいても、店長やオーナーが乱暴な物言いをしたり、声を荒げるのはめずらしいことではない。

●働いている人とその友人は半額でジェラートが買える。
●本当においしいジェラートは毎日食べても飽きない。

オレオ入りのコーヒー?——カフェオレ

よし、コーヒーを飲みにいこう。ふと昼下がりにそう思い立って、古民家からほど近いカフェに友達と入った。ドトールやカフェ・ベローチェのように注文したコーヒーを自分で席までもっていく手軽なカフェとはちがって、少しおしゃれな雰囲気の店内。席についてメニューを見ると、〝カフェオレ〟の文字が目に入った。

へー、オレオ味のコーヒーってめずらしくない？　予想外のものを合体させて新しい味を生み出す日本ならではのメニューだね。

イギリスに一年間留学していた高校時代、ミルクシェイクの専門店でバイトをしたことがある。オレオやミルキウェー、チョコレートオレンジといったイギリスで人気のフレイバーやビスケットが入ったシェイクが売りだった。そこで働いているあいだに、一生分のオレオを食べたんじゃないかな。ただ、いきなり女性アルバイトの顔に手を触れたり、差別的な発言をしたりするオーナーのおじさんがいて、それだけはす

イギリス南岸の町ハイクリフでバイトしていたミルクシェイク店にて。まだ髪が長いころ

ごく嫌だった。

ある日、求人募集のポスターを見た黒人の男の子が店にやってきた。満面の笑みを浮かべてオーナーに履歴書を手渡している。オーナーは彼に笑顔で「見ておくよ」と言った。でも、男の子が店を出てドアが閉まるやいなや、手にした履歴書をくしゃくしゃにして、いちばん近くのゴミ箱に投げ捨てた。

カウンターの中で一部始終を見ていた私はショックを受け、「何をするんですか！」と声を上げた。

「オレが黒人を雇うなんてありえないんだよ」

反論はしてみたけれど、もう壁に向かってしゃべっているようなものだった。

「メグ、もしキミが黒人の彼氏といっしょに帰ってきたら、お父さんはどう思う？」

うんざりだという顔をして、彼はキッチンにいたバイトの女子高生に顔を向けた。

「きっとうれしくないね」

彼女は顔をしかめながら即答した。

高齢者だけなく若い人にまで浸透している人種差別の意識に、私はダブルでショックを受けた。アルバイトをしたいと微笑んでいたあの少年とのあいだに横たわる深い溝、そして不当なあつかいを目の当たりにして、すごく悲しい気持ちになった。17歳の一バイトにすぎない私にはどうすることもできなくて、無力感にさいなまれた。

その日以来、私はオーナーに対してささやかなリベンジをするようになった。たとえば「バニラアイスにオレオ！」とお客さんから注文を受けたときには、規定分量以上のオレオをバニラシェイクにたっぷり入れるのだ。もちろん、お客さんはみんな喜んでくれた。

「お客様、ご注文はどうなさいますか」

やってきた日本人のウェイトレスさんに聞かれ、あのオレオ入りバニラシェイクのことを思い出した私は「カフェオレでお願いします」と言った。オレオを食べるのは何年ぶりだろう。懐かしいなあ。

「こちら、カフェオレになります。ごゆっくりお過ごしください」

楽しみにしていたオレオ入りのはずのコーヒーは、泡のないカプチーノにしか見えなかった。ひと口飲んでみると、カフェラテっぽい味がする。

（あれ？　オレオの味が全然しないけど……）

いっしょにいた友達に「カフェオレなのに、これオレオが入ってないみたい」と言うと、「カフェオレは牛乳入りのコーヒーだよ」。

え……今なんて⁉　正しくは「カフェ・オ・レ」で、「オ・レ」はフランス語の「au lait（牛乳の入った）」だなんて絶対思いつかない。ちなみに、カフェラテはイタリア語のCaffè latte。牛乳入りのエスプレッソなのはカフェオレと同じだけど、ラテはエスプレッソにミルクを混ぜたもの。カプチーノはエスプレッソにスチームしたミルクを注いだものだ。

カタカナ化された外来語の多くは、外国人にとって理解するのが逆にむずかしい。英語、フランス語、イタリア語などいろいろな国の言葉が混ざっているし、もちろん発音もかなり変わるからだ。そのせいで意味を理解できなかったり、誤解してしまうこともよく起こる。

「ブリティッシュ・エンジニアリング」（英国工業）とイギリス人に言っても伝わらないし、「クロス」が「Cloth」のことだとわかるまでに、私もかなり時間がかかった。

三つの語で構成される「Café au lait」が「カフェオレ」という一つの単語になったの

は、日本語がもつ、できるだけ省略していこうとする力のせいだろうか。

イタリア語と日本語の誤解――ウケる！

あるイタリア語の表現で、日本に来て驚いたことがある。

旅行ガイド本やラジオのイタリア語講座などの多くが、お店やレストランなどで店員さんを呼ぶときは「センタ・ミ・スクーズィ」と言うと紹介していたからだ（「すみません（エクスキューズ・ミー）」という意味で）。「センタ」は命令形で「聞いてよ！」というニュアンスがあり、イタリアではふつう文句を言いたいときに使う。

地域によって言葉の使い方もさまざまだから、状況によっては使っても問題ないのかもしれないけれど、少なくともレストランで「センタ」を使うのは絶対避けたほうがいい。

日本人の友達からも旅先での「センタ・ミ・スクーズィ」にまつわる話を聞いて、日本の書店やウェブサイトを確認したら、だんだん自分まで混乱してきた。そこで、知り合いのイタリア人たちにアンケートをとってみた。その結果、レストランでウェイターを呼ぶとき「センタ・ミ・スクーズィ」を使ったらウェイターにも他のお客さんにもびっくりされるし、粗暴な態度に受け取られてしまう可能性がある――との意見で一致した。

そもそもイタリアでは、注文が決まっても日本みたいにウェイターを呼んだりはしない。彼らのほうから来てくれるのを待たないといけないのだ。だから「あの、すみません」のような表現はそこまで多くないし、使う必要もないというわけだ。

話をしてくれた日本の友人にそんな事情を伝えると、

「わたし毎回イタリアに行くたびに、カメリエーレ（ウェイター）に『おい、おまえ、聞いてくれ！』って言ってたんだねぇ」

「すみません」なら「ミ・スクーズィ」だけでも十分なのに、こっちのほうが丁寧だからと気を遣って「センタ・ミ・スクーズィ」とずっと言っている人って、もしかするとけっこう多いのかもしれない。ふだんから丁寧な日本人の考え方と配慮が、イタリアでは逆に作用してしまうおもしろいケースだと思う。

彼女の話に大いにウケたから、負けじと私もネタを提供してみた。

「私さあ、コンビニやスーパーで買ったものを入れるビニール袋のことを、正式には〝手袋〟と言うんだってずっと思ってたの。だから、コンビニとかのレジで聞かれる前に『あ、手袋はいらないです』と自信満々に言ってたよ」

「それ店員さん、目が点だよね。かなりウケる！」

「たしかに、なんかいつも変なリアクションが返ってくるなあとは思ってた（笑）」

「ウケる」はウケる（おもしろい）言葉だなあと思う。「称賛を受ける」「受けが良い」などから転じて、芸能の興行などで「今日の演目はウケた」などと言うようになったらしい。江戸時代には使われていたけれど、現代ではどうなんだろう。流行《はや》り言葉としての「ウケる」は、若い世代ではもうあまり使われていないのかも。かわりに「ワロタ」や「ワラ」「草生えた」なんていうネットスラングから来た言葉も目につく。それらもどんどん時代とともに変わっていくのだろう。日本語の表現はアメーバーのように本当に自由だ。

私のネタを受けて、友達は「それなら私も！」と口を開いた。

「もう一つ告白。ヴェネツィアでホテルのスタッフから『今日はどこに行くの』と聞かれてさ、Isola《イゾラ》 LIDO《リド》（リド島）のことをRISO《リーゾ》（お米）って言っちゃって！」

米島？　満面のドヤ顔で答えたんだろうなと思うと、笑ってしまった。

「それもかなりウケるわ！」

時空を超えて合体した省略語――ドタキャン

「カフェオレ」と同じくらい衝撃的だったのは「ドタキャンする」という言い方だ。

海外に比べると、日本でドタキャンされるのはめずらしい。された側はそれだけ不満も大きくなるから、こんな強い言い方が生まれたのかもしれない。「それが、ドタキャンされちゃってさー」とちょっと怒っているような口調でよく耳にする。

最近も、デートに行くと言っていた日本人の女友達に「で、どうだった？」と聞いたら、「ドタキャンされた！　当日ドタキャンとか、最悪だわ」とぷんぷんしている。

はじめて「ドタキャン」という言葉を聞いたときは、「キャン」は感情を表す擬音語かなと思った。「きゃー！」みたいな。でも実際は「キャンセル」の省略形だった。じゃあ「ドタ」はどこから来ているかと調べてみると、想像以上にすごい語源だった。

江戸時代の刑場の「土壇場《どたんば》」が由来らしい。死刑が執行される場所を示していたところから意味が転じた。当時は文字どおり、土を積み上げて作った壇の上（土壇場）に罪人を上がらせ、そこで斬首刑をおこなっていた。だから「土壇場」は、死ぬ（ひどい目に遭う）直前の状況にいることを示す表現になった。

そして、ギリギリになって取り止めるという意味の「土壇場でキャンセルする」が短縮されて、「ドタキャン」になったのだ。いわれてみれば、すべて納得。それにしても、江戸時代の言葉に英語を合体させて、それをさらに縮めた言葉にするって、なんだか想像を超えてくる感じだ。

最初は水商売や興行の世界などで、客にはわからない隠語として使われるようになり、しだいに一般の幅広い場面で使われるようになったという。

　私がいちばん「ドタキャン」を口にしたのは、観光ボランティアの活動をしているときだった。文化交流を求めて来日した外国人の旅行者をいろいろなホストさんの家に数泊泊まれるよう手配するプロジェクトだ。やってくる旅行者には、あらかじめ日本の日常的な慣習もくわしく説明する。日本ではスケジュールがしっかり守られていて、自分勝手に変更すると心証が悪くなること、いろいろな人に迷惑がかかることを最初に伝えておくのだ。

　迎えてくれるボランティア・ホストの方がたへ最終連絡を入れる前に、外国人の滞在希望者に「１００パーセント大丈夫かを知りたいのですが、明日は時間どおりにかならず来られますか？」と確認を取る。

「絶対行きますよ。大阪からバスに乗って、5時には東京駅に着きます」

　安心してホストさんにその旨を伝え、迎えた当日。

　念のために連絡を入れると、

「すみません。東京へ行くための準備が間に合わなくて行けません」

　ドタキャン、マジか……。

　いまさら状況は変わらないし、その場では「了解しました」と言ったけれど、（ふざけてない⁉　自分が日本にいるってことをわかってないわ！）と腹が立った。私からホストさんに電話をして、「昨日ちゃんと確認は取ったのですが、ドタキャンされてしまって……」とお詫びをしなければならない。そんなことが何度かあった。

楽しみに待ってくれていた人に、直前になって「申し訳ないですが」と伝える身にもなってほしい。

美容室で大笑い——顔がちっちゃい・顔が広い

美容室に行くのはどこの国でも貴重な経験になるから、まだの方にはおすすめする。現地の人と気軽に触れ合えるし、そこでしか得られない貴重な情報も得られる。さりげない会話を通してその土地の言葉や文化に浸る心地よさ。そうやって新しい視点に目を開かされるのは楽しいひと時だ。

イタリア、イギリス、タイ、マレーシア、スリランカ、日本と、いろいろな国の美容室に入ったけれど、何度訪れても日本の美容室にはびっくりするポイントが多い。

まずは、カットしてもらう前に記入するアンケート用紙を渡されることだ。どんな見た目になりたいかという質問があって、項目の中から選んでチェックを入れる。たとえばこんなふうに。

Q4　あなたがなりたい、または好きなイメージを1～2つチェックしてください。

□ナチュラル　□モード　□エレガント　□クール　□フェミニン　□ワイルド
□コンサバ　□カジュアル　□キュート　□わからない

あるとき、都内の美容室で渡されたアンケートを見ながら「コンサバ」という言葉に目がとまった。コンサバティブ（保守的な、控えめな）から来ているのだろうけれど、それが見た目を表すスタイルになっているのはおもしろいな。じゃあ、コンサバは「キュート」や「エレガント」とどうちがうんだろう。

「コンサバとはどんな感じになるんですか」

美容師さんに訊いてみると、

「あまり目立つようなスタイリングにはせず、カラーも落ち着いたトーンですね。でも、エレガントとも少しちがいます。見る人に強い個性を感じさせないというか、おだやかなイメージです」

なるほどね。スマホで「コンサバ　髪の毛」とググってみたら、ふつうに可愛い女性の写真しか出てこないので半分納得、半分はもっとくわしく知りたいと思った。というのも、イタリアの女性でコンサバティブなヘアスタイルといったら、ブロンドに染めた長い髪にアイロンをかけてストレートに流したものを思い浮かべるからだ。金髪・長髪・ストレートがキーワードになっている。

私は迷った結果、「エレガント」「クール」「わからない」の三つにチェックをつけて（一つ多くなったけど）アンケート用紙を返した。

「あのあの、基本的にはおまかせしますので！」

「じゃあ、テシさん。かっこよくしましょうね」

私を椅子に座らせ、正面の鏡をのぞき込みながら美容師さんがにっこり微笑んだ。

「それにしても、顔がちっちゃいですねぇ」

「いえ、そんなことないと思いますけど……よく言われます（笑）」

「美容師さんは、どこか海外に行かれたことは？」と慌てて話題を替える。

「じつは、まだ行ったことがないんですよ〜」

「そうでしたか。でも、日本は国内旅行もすごくいいですもんね」

「へー、よくご存じなんですね。ちなみに、どこかおすすめはありますか」

「北海道や九州はよかったですよ。もう大好きで、何度も行っています（笑）」

「ぼくは、まだどっちも行ったことないですよ（笑）」

「えー、もったいない。鹿児島だとイルカゲストハウスに泊まるといいですよ。おかみさんがすごくいい人で……近くには『ふとし』っていうおもしろいコンビニがあって、店内の半分が居酒屋になっているんです。店主の方はこんな人で、あんな人が来て……」

旅の話を始めると楽しくなって、ついついいろいろしゃべってしまう。

すると、はさみをもつ手をとめた美容師さんが笑って言った。

「テシさんは日本人のぼくより、ずっと顔が広いんですねぇ」

え？　なんで。さっきは「顔がちっちゃい」って。思わず「はい？」と返すと、

「日本語で〝顔が広い〟というのは、たくさんの人と知り合いで、つながりが豊富という意味なんですよ」

「あー、そうでしたか。つまり、人脈が広いということですかね」

「そうですそうです。テシさんは、顔はちっちゃいけれど、顔も広いんですね」

ちっちゃいけど広い顔ってどんな顔なんだ。体をゆすって笑ってしまった。

熱海のとろろ蕎麦――蕎麦前

私を乗せた東海道本線が、気持ちのいい青空が広がるＪＲ熱海駅へ滑り込んだ。

バックパックを背負って出口へ向かうと、私にとって〝東京のおかあさん〟ともいうべき存在の一美《かずみ》さんと旦那さんの壮一郎さんが改札口のむこうで手を振っていた。熱海の温泉宿で一泊しないか、と誘ってくれたのだ。銭湯も温泉も海も大好きな私は、即座に「いいですね、行きましょう！」と答えた。

前日から熱海に前乗りしていた一美さんは、満面の笑みで迎えてくれた。

「すぐお蕎麦屋さんに行こう。入れるかな？　けっこう並ぶからね」

「お蕎麦、楽しみです！」

「テシに絶対紹介したい場所の一つなの。あそこは〝蕎麦前〟もおいしくてね」

「ソバマエ……蕎麦屋の出前のことじゃなくて？」

「あはは、おもしろいね。蕎麦前はイタリア語でいうとアンティパストよ。急ぎましょう。材料がなくなったらすぐお店が閉まってしまうから」

本格的なお蕎麦を食べた最後の記憶は新潟・十日町だった。天ぷら付きのへぎ蕎麦は最高においしかった。しかし、蕎麦前を食べるのは初めて。

「それはお蕎麦屋さんの場合だけですか。たとえば焼き鳥屋さんで焼き鳥を食べる前の食べ物も〝蕎麦の前〟と言うんでしょうか」

一美さんが言うように、イタリア語にはアンティパスト（前菜）という言葉がある。

パストは単に「食事」という意味だから、どんなメインディッシュの場合でも使用できる表現だ。「パスト」は「パスタ」に聞こえやすく、そのせいで「パスタの前に食べるもの」と勘違いする人もたまにいるけれど。

しかし一美さんによれば、蕎麦前はさすがにお蕎麦を食べる前の前菜に限られるそうだ。そんなことを話していると、焼き目の入った木の板が私たちのテーブルに運ばれてきた。なにか乗っている。これが蕎麦前なのか。かまぼこをきれいに切り分けた板わさ、小さな重箱に横たわる何枚もの焼きのり、そして私の好きな焼き味噌が、皿がわりの板の上に並んでいる。おいしそー。

頼んでいたとろろ蕎麦が来たときには、蕎麦前だけでもうお腹はだいぶ落ち着いていたけれど、人生初のとろろ蕎麦は最高だった。ねばねばのとろろに少し太めのお蕎麦をからめて、ズズズッと箸ですする。心地いい食感と味わったことのない味に驚愕。お蕎麦は種類がいろいろあるけれど、こうした田舎蕎麦がいちばん好きかも。

撤去された自転車を受け取りに——とぼける

一美さんは日本人としてたくさんのスキルをもっているが、なかでも私がいちばん彼女から学びたいのは、丁寧な言葉遣いと所作、それに欲しいものをさり気なくゲットできる生まれながらの才能だ。

たとえば彼女は、どんなに予約が困難な人気のお店でもなぜか予約が取れてしまう。いったいどうしてそんなことが可能なんですかと聞くと、

「私って、そういうときすっとぼけてるから」

と笑って言う。「とぼけた口調で尋ねる」のがミソらしい。

つまり、お店の予約はすでに満杯だろうとわかっていても、全然事情を知らないふりをして（とぼけて）、堂々と聞く。すると、なぜか席に空きがあったり、できたりするらしい。こんど彼女が予約をとるときには、その電話を隣で聞いてみたいものだ。

「とぼける」は「ボケる（馬鹿になる）」から来ていて、そこに接頭辞「と」がついた。老年になって頭のはたらきが鈍くなることを「ボケる」というし、なんとなく理解できるけれど、なぜ「と」がつくんだろう。

さまざまな説があって、「〜と思って」「〜と言って」の「と」みたいに、理由や動機を表すためについているとか。脚本でいうト書きみたいなものかな。セリフの後に「ト思い入れあって」と来て、状況説明などが書かれるアレだ。「〜とボケる」といった具合に、意識的に知らんぷりをするセリフを受けての「と」が付け加えられたのかな。

私が「とぼけ」たのはいつだっただろう。ルールに従わずに切り抜けられるケース

は日本では本当に少ないから、正直あまり思い出せない。
ただ上智大学での留学中に一度、自転車が撤去されてしまったことがある。駐輪禁止だとは知らずバイト先の近くに停めて、鍵もかけていたのだけれど帰るときにはなくなっていた。移送された場所まで行って５０００円を払わないと自転車を返してもらえないらしい。マジか。でも、確認してみれば駐輪禁止という掲示は離れたところにあって、全然わからなかった。停めてはいけない場所についての常識がなかった私にも半分の責任はあるけれど、もう半分は駐輪禁止と誰にもわかるように掲示していない側にもあるのでは？　いま考えれば、まるで自分のせいなのだけど、それが日本のルールにまだ慣れていない当時の感じ方だった。

　わざわざ遠くまで取りにいくのだから罰金はなんとか避けたいと思って、受取所の窓口の人に英語だけで話をした（とぼけて日本語ができないふりをしたのだ）。すると、すぐに英語を話せる担当者が現れた。私は同じように、停めてはいけないところだとはまったく知らなかったと英語で説明した。これはとぼけたのではなく事実だけれど、違反は違反。５０００円と引き換えに大切なママチャリを受け取って帰ったのだった。

　これが「撤去」という言葉を初めて覚え、意識して「とぼけ」たほとんど唯一の私の思い出だ。一美さんのようにはうまくいかなかったけれど。

駅は日本語の宝庫――「どなたさまもご乗車になれません」

中野駅から大学のある四谷駅まではＪＲ中央線で10分ちょっとだったけれど、毎朝のように乗車率１３０パーセントは軽く超えていただろう。でも、駅員さんの独特な社内アナウンスと各駅独自の到着メロディーがおもしろくて、その好奇心でなんとかしんどさを乗り越えていた。

ＪＲや私鉄が多く乗り入れている新宿駅や池袋駅といったターミナル駅の中では、人とぶつからずに前へ歩くだけでも簡単じゃない。慣れるまではたいへん。いまでは水族館の魚のように周囲とぶつからず流れに乗って進めるようになったけど。

ホームでまわりの音に耳を澄ませていると、

「駆け込み乗車はおやめください」

（えーっ、カケコミ乗車だって！　おもしろいなぁ）

イタリア語や英語には「駆け込み乗車」に相当する言葉がない。もし同じ状況で近い表現をしようとすれば「走らないでください」と言うしかない。

なにより私が感銘を受けた駅員さんのアナウンスはこれだ。

「どなたさまもご乗車になれません」

日本語のあらゆる丁寧さが、この短い案内のなかに詰まっている。「どなた」「さま」「ご乗車」「なれません」のいずれも、相手に対する敬意を表す言葉遣いだ。とくに、私がグッときたのは「どなたさま」というフレーズ。ちなみに、「ドナタ」はイタリア語で女性の名前を指し、「神様から贈られた」という意味がある。「どなたさま」は敬語のなかでもトップクラスなんかじゃないかという濃厚さが感じられて、聞いていて胸が熱くなる。

老人語の世界――とっくり

『国語辞典サーフィン』というＮＨＫのＦＭラジオ番組をご存じだろうか。毎週木曜日の午前0時45分から放送されている（ＡＭラジオ第1では土曜日午後0時45分より放送）。興味があったら聴いてみてほしい。これがなかなか興味深かった。

日本語には「老人語」なるものがあるのだそうだ。いまではあまり使われていないけれど、死語ではない言葉、という意味らしい。たとえば、セーターのハイネックは「とっくり」と呼ばれていたとか。

いまの若い人は「とっくり」の元の意味をほんとに知らないのだろうか。たしかに、日本酒を徳利で飲むのは年配の人が多いような気はする（だから老人語なんだよね）。

それと、スプーンのことを私はずっと「匙《さじ》」と言っていたけれど、これも老人語なのだそうだ。つい古風な日本語に惹かれてしまうところがあるようだ。

ただ、それらの現代的な用法を生活の中で知り、自分の語彙《ごい》を日々更新していく作業は、私にとっては新たな発見だ。すごく刺激的。今日も明日も、わくわくしながらまだ見ぬ日本語に向き合っていきたい。

アメリカ人に見える？――「勝手に」

「どこの国からお越しになったんですか？」

「イタリアからです」

「ああ、すみません。勝手にアメリカ人かと思ってました」

四月から始まる留学を前に、私は東京の結婚式会社で二カ月くらいインターンシップを経験した。日本学科の教授が、学生たちのために自身の人脈を活かして、つないでくれたのだ。

「素晴らしい会社があります！　その名も『CRAZY WEDDING』です。訪問したとき、名前どおり本当にクレイジーな雰囲気でしたよ」

日本の企業で働くのは、もちろんこれが初めて。下町風情ただよう本所《ほんじょ》吾妻橋《あづまばし》の古民家に滞在したり、スージーさんという社員の方のお宅にホームステイをしたりながら、両国のオフィスへ通った。はじめて会う日本の人たちの顔を覚えるのは大変だったけれど、みんな「テシ、テシ」と親切に声をかけてくれて、いい雰囲気の職場だった。

ある日、誰かに出身地を尋ねられ、冒頭のように「勝手にアメリカ人かと思ってました」と笑顔で言われた。そのとき初めて、「勝手に」という言葉の二番目の意味と使い方を知った。「確かめようと調べたり聞いたりもしないで、自分だけの先入観で」みたいな意味合いもあるんだなあ。ケンブリッジ大学の1年生の教科書では「selfishly」（自分勝手に・わがままに）とだけ説明されていた。あるいは、あえて訳されない場合も。二番目の意味の「勝手に」を他の言語に訳すのは、実際むずかしそうだ。日本語と同じニュアンスには伝わらないだろう。

「勝手にアメリカ人かと思ってました」と言われたときは、（なんでだろう？）とまず不思議に感じた。ヨーロッパでは、見た目だけで国籍の判断なんてつかないからだ。「じつは私、アメリカに行ったことすらないんですよ」と答えると、だから余計に驚かれる。

確認もせずに何かを決めつけるのは確かに〝勝手な〟行為だろう。でも「勝手にすみませんでした」とへりくだって謝れば、詫びる気持ちを強調することもできる。

そして、「勝手に」には三番目の意味もある。おもてなしや思いやりを伝える言葉にもなるのだ。誰かの家を訪れたとき、「勝手に冷蔵庫を開けてくださいね」「勝手に使ってくださっていいですよ」なんて言われることがある。この場合の「勝手に」は「ご自由に・気を遣わずに」といった意味で、ざっくばらんな親密さがあって私は好きだ。

「使ってください」と言えばすむのに、わざわざ「勝手に使ってください」と言うのは、他人の家で冷蔵庫を開けたり、ものを使うのは本来失礼な行為だからだろう。「勝手に」は、日本人の人と人との距離感や意識をよく表した言葉だと思う。

指示代名詞の深淵――「それはそれは、あれだ！」

２０２３年の12月、またまた鹿児島にやってきた。もう何度目の訪問になるのかも数えなくなってしまった。

友達の書道家が開催するイベントに参加したかったのと、一美さん、壮一郎さん夫婦に会いにきたのだ。彼らは普段は東京に住んでいるけれど、鹿児島出身の彼の実家へ夫婦でたまに遊びにくるのだという。

「鹿児島は男尊女卑がまだまだ残っているけど、彼はちがうの。本当にいい人」

旦那さんが席を外したときに彼女が口にした「本当にいい人」という言葉に、パートナーへの深い愛情が感じられる。ごく普通の言葉なのに感動的に聞こえる。

一美さんは、性格も日本語の話し方も名前どおり、美しくて丁寧。道を歩いているとき誰かの前を横切ることになれば、「失礼いたします」とちゃんと言う。「ご迷惑をおかけいたします」「ごめんください」もバッチリだ。そうそう、雨が降るかもしれないという日には傘を二つもってきてくれる人でもある。おもてなしの心と愛情にあふれていて、大好きな女性だ。

待ち合わせ場所の天文館のセンテラスの前で一美さんと落ち合うと、桜島がよく見えるからと、いっしょに15階までエレベーターで上がった。

並んで桜島の絶景を眺めていると、「何時の便で来たの？」と聞かれた。

「朝6時25分発でした。でも羽田じゃなく成田空港だったから始発電車に乗っても飛行機に間に合いそうになくて……。4時にタクシーで東京駅まで行って、そこから直行便の大型バスに乗って、ギリギリ搭乗できました」

「それはそれは、あれだ！」

彼女は大きくうなずきながら言った。

ん？　と一瞬思ったけれど、私はとりあえず言葉を継いだ。

「でも日本の場合、空港では搭乗口に並んでいる人に目的地をちゃんと聞いてくれるから、出発時間に遅れそうなときは優先して案内してくれますよね。だから、あんまり心配はないんですけど」

そう言いながらも、「それはそれは、あれだ」という彼女のセリフが頭の中でぐるぐるリフレインしている。

「それは本当にたいへんだったね」ならすんなり理解できるけれど、「それはそれは、あれだ」とこられたら、ちょっと考えてしまう。前後の話の流れからなんとなく言いたいことは想像がつくけれど。

セリフの中に何の判断も表明せず、ある状況をそのままに表した言い回しで、そこがすごく口語的でおもしろい。これが阿吽《あうん》の呼吸というものなんだろうか。

お袋の味って何だろう――煮っころがし

お袋の味と聞けば、多くの日本人が「ある味」を想像するはずだ。酒、みりん、醤油を調味料に使った煮物がその一番手ではないだろうか。

私は26歳になって初めて、日本のお袋の味を東京の古民家で知った。里芋の煮っころがしだ。たちまち、お気に入り料理ベスト5にランクインした。

じつは料理は得意なほうではない。でも、せっかく日本に住んでいるのだから、日本料理を少しでも学びたい。そう思って、八百屋さんの店先で目についた里芋を買った。

日本はイモやキノコの種類が豊富で、食感も味もそれぞれ個性的。いままで旅したどの国でも経験したことのない食材が、一年じゅうスーパーや八百屋さんにずらりと並んでいて最初はびっくりしたものだ。

なかでも感銘を受けたのは長芋と里芋。擂《す》り下ろした粘り気がさわやかな食感の長芋は、生で食べることができて純白の色も美しい。里芋は茶色い笠に覆われコロコロとした形がまずかわいい。どちらも外食では何回も食べているけれど、これまで自分で買ってきて料理にする勇気はなかった。長芋は皮をむいて切るだけで食べられるから、料理をするならとあえて里芋を選んだ。

シェアハウスの古民家に持ち帰り、台所に立ってまず悩んだ。このまま茹でるか、皮をむいてから茹でるか。同居者のひとり、カズが通りかかったので咄嗟《とっさ》に訊いてみた。

「ねえ、里芋ってどう料理すればいいのかな」

「里芋ね、煮っころがしが一般的だよ。みりん、醤油、砂糖で味をつける」

「にっころ……ナニ？」

「にっころがし、ね」

なにそれ、おもしろい発音。ねっころがり、みっともなし、でんぐりがえしの日々……いろんな言葉が頭の中を飛び交いはじめた。

「ヘルシーな味つけのほうがよければ、砂糖のかわりに蜂蜜を使ってもいいし」

よし、焦る必要はない。ここはイタリア好きの東京のおかあさん、一美さんにも教えを乞おう、とＬＩＮＥでメッセージを送ってみた。

〝すみません。突然ですけど、里芋を料理するとき皮はむきますか。そのまま茹でるのでしょうか。にっころがしを作りたいのです〟

〝皮は絶対、先にむいてください〟

先生に感謝だ。さっそく皮をむきはじめたけれど、これは楽しくない作業だった。皮は堅いし、むきはじめるとヌルヌル滑る。皮むき専門のアルバイトの人が見つかったら毎日でも里芋を食べたいんだけどなあ。あとで調べたら、手で皮をむく必要はなく、包丁で削ぎ切りすればいいのだと知った。これを「後の祭り」という。

素肌を見せた里芋をフライパンに八個並べ、みりんと醤油、そして蜂蜜をたらり。レシピなしでの料理だ。それぞれ適当に目分量で入れる。そこにお水を加えて、里芋がひたひたになるようにして火にかける。グツグツしてきたら、いくつか穴を開けたクッキングホイルを里芋の上に乗せ、蓋にする。ちょっと経つと、ものすごくいい香りがただよってきた。

匂いにつられて台所に戻ってきたカズが、「これはお袋の味だね」と言う。

お袋はおかあさんのことだとは知っていたけれど、煮っころがしの匂いと味が「お袋」の料理を代表するイメージなのだとは知らなかった。

鎌倉時代、武家の妻は家の財産を納めた袋の管理者だったことから、「お袋様」と呼ばれていたという。庶民へ広まるうちに「様」が略され、「お袋」になったとか。ケンブリッジ大の同級生ララとは、英語で「Miss!」と声をかけるときのように名前は略して、おたがいのことを日本語でシンプルに「様！」と呼んでいたけれど、「お袋様」の場合は「様」のほうが省略されたわけだ。

ほくほくの里芋をおいしくいただいた翌日、湯友《ゆとも》（いつも銭湯で会う友達）と広い湯船につかりながら、里芋の煮っころがしの素晴らしさを伝えた。「あれはお袋の味ですよねぇ」と言うと、「渋い言葉を知ってるね」と言われて私はホクホク顔になった。

場をつなぐ便利な言葉——「なんかさあ」

ユーチューブの動画は、基本的に録画したものを編集してから公開する。どうしても時間的なズレは生じるし、一方的な発信になってしまいがちだ（コメント欄などで簡単なやりとりはできるけど）。

だからコロナ禍を経たいま、いろんな人たちとじかに触れ合って、日本語で自由に会話を交わせるのは本当にうれしいことだ。

日本語には、会話を途切れさせず円滑に進めていくのに役立つ〝時間をあたえてくれる〟便利な表現がある。英語でいう「filler words」だ。バリエーションもたくさんあるし、相手に示す丁寧さによって言葉の選択も変わる。より丁寧に言うなら「それはですね」とか、友達同士でなら「ええと」「うんとね」などになるだろうか。

ちなみに、仲のいい友達と会話をするときの私が大好きなフレーズは「さあ」と「なんかさあ」だ。「さっきのなんかさあ」なんて言うチャンスが訪れたらもう最高。歯切れの良さと抑揚の効いたリズミカルな響きが耳について、すごく気持ちいい。楽しく言えるのだ。

騙されたと思って、あなたいっしょに言ってみてください。

「さっきのなんかさあ」「さっきのなんかさあ」「さっきのなんかさあ」……

なんだか気分がアガってきませんか。

より臨場感をもって口にしてみたいと思った人は、誰かと遊園地に出かけてジェットコースターに乗りましょう。ひと息ついたころソフトクリームをなめながら、その人に「さっきのなんかさあ、スゴくなかった⁉」と言えば、楽しさも倍増しますよ。

わかってはいたけれど――やっぱり・やっぱ

やはり、やっぱり、やっぱ……。日本語の日常会話には、イタリア語にはない便利な言葉がたくさんある。これらもその代表的な言い回しだと思う。

「やっぱり」で印象に残っているのは、一美さんのお宅に招かれておでんをご馳走になったときのことだ。それまで、おでんは外のお店でしか食べたことがなかったので、

「お邪魔になってしまうかもしれませんが、私も作るのを手伝いたいです」

午後5時に会う約束だったので、それからのんびり作りはじめる時間はないかもなーと思ってはいたけれど、ダメ元で一美さんに聞いてみた。

「ぜんぜん邪魔じゃないんだけど、おでんは食べる前の日から仕込むのよ。食材によって時間差で準備をしていくのね。だから、テシが来たらすぐに食べられるってわけ」

「ああ、やっぱりそうなんですね」

そもそも聞く前から、何らかの理由でむずかしいだろうなと思っているとき、実際に聞いてみたら思ったとおりダメだった――そんな納得感を表せる便利なひと言

「やっぱり」。

こんな素敵な言葉がどこから来たのか、私は〝やっぱり〟気になってしまう。やっ

ぱりは「やはり」から来ていて、漢字を当てると「矢張り」だ。そのままじっとしておくという意味の「やはらか（和か）」から転じて「変わらないようす」、そして現在使われている「予想したとおり」の意味になったそうだ。

当て字の矢張りは、弓を張って矢を放つ瞬間を待っているようすから来たという説もある。矢を放とうとしたとき、狙いどおり敵が現れて「やはり！」と言ったのかな。

個人的に好きな言い方は「やっぱ」で、いちばんうれしいのは「やっぱさあ」という声を耳にしたり、自分でぴったりのタイミングに言えたときだ。

お正月の大地震と航空機事故――無常

「テシ、あなた大丈夫？　羽田空港ですごい事故があったから、テシがあの飛行機に乗ってなかったかって心配で」

令和６年（２０２４年）元旦、能登半島を中心に石川県や富山県で大地震が起きた。

そして、その翌日の夜、スキーをしに札幌に滞在していた私あてに、日本人の友人たちが次々と連絡をくれた。1月2日午後6時ごろ、被災地へ救援物資を運ぶはずだった海上保安庁の航空機に日本航空のジャンボジェット機が滑走路上で激突。前者は大破し、後者も機体が炎に包まれた。

ネットを通じて事故のことは直後に知った。こんな衝撃的なことが日本で起きるなんて……。しかも昨日大きな地震があったばかりだ。言葉が出てこない。海上保安機の乗員五人が亡くなり、ＪＡＬの手荷物室にいた二匹のペットも炎の中で死んだという。ただ、世界じゅうのメディアが報じた〝教科書的な〟避難の甲斐もあって四百人近くの乗客乗員は全員助かった。その知らせにホッとすると同時に、自分も数日後に同じ羽田行きの便に乗る予定だったのだと思うと、背筋が寒くなった。

翌3日、札幌市内の地下鉄にはお正月を過ごす多くの人びとの姿があった。夕べの事故機が近くの新千歳空港発だったせいもあってか、三が日というハレの日なのにみんな無言で、静かなオーラに包まれていた。日本人は電車の中では大きな声でおしゃべりはしないものだけれど、それにしてもシンとしている。七人掛けシートの真ん中に座った私は、ふと車内の人たちの顔を見回してみた。彼らは、いまどんな感情を抱いているんだろう。

日本人と自然の関係は特異だ。地震や津波、台風が襲い、火山は噴火し、洪水が起きる国で、人々は自然を支配するのではなく、自然を畏《おそ》れ、またそこに寄り添って生きてきた。自然はコントロールできない存在。恵みも災いもあるけれど、なるようになるだけ。そこから「無常」という文化が育まれてきたのだろう。

有名な鴨長明の『方丈記』の冒頭が、それをわかりやすく教えてくれる。

ゆく河のながれは絶えずして、しかも本の水にあらず。よどみに浮かぶうたかたは、かつ消えかつ結びて久しくとどまりたるためしなし

すべては変わり、常に同じでいるものはこの世に存在しない。つまり無常。こうした世界観は、日本人が大昔から自然と密接につながって生きてきた証なのかもしれない。

だから恐ろしい自然災害が起こると、自分たちはたまたま今ここにこうしているけれど、明日どうなるかは誰にもわからないし、それが当たり前のことなのだ――そう無意識のうちに思い起こす。なるがままを受け入れて、あきらめて、心を殺す苦行のようにも思えるけれど、日本で生きる日本人にとっては欠かせない生きる知恵でもあったのだ。

毎日を効率重視で慌ただしく暮らす都市の人たちにとって、忘れたころにやってくるこのような天災は、ガンジーの「明日死ぬかのように生き、永遠に生きるかのように学べ」や、ラテン語の警句「Memento《メメント》 mori《モリ》. Carpe《カルペ》 diem《ディエム》」（いつか死ぬことを忘れるな。

今日という日の花を摘《つ》め）のように、人生をどう生きるべきかを自分に問い直すきっかけになっているのかもしれない。

地下鉄の轟音だけが響く車内で、私は隣に座っている年配の女性のことを想った。

「お元気ですか？」そう声をかけたい。

そして、こうも思う。

どんなに暗い日であっても、あなたが携えている強さと平穏はすばらしい、と。

脳内で叫ぶ声——ヤバい！

「綺麗な日本語を話せる人は『ヤバい』という言葉は使いません」

ケンブリッジ大の先生に言われて、なるほどと思った。実際、日本で暮らしてみると、たしかに上品な言葉遣いをしている友人で「ヤバい」と口にする人はほとんどいなかった。

でも私は、仲のいい友達との会話では自然に出てくることがある。急に不測の事態が起きたときや、どうしていいかわからないときなど、頭の中で（やっぱ～！）とよく声を上げている。

深夜、渋谷の路上で酔っ払って大声で喧嘩している人たちを見て「ヤバっ！　警察に電話しないと！」と友達の肩を叩いたり、イギリスに住んでいたときに遭ったアパート賃貸詐欺や、日本で脱毛詐欺に遭ったことに突然気づいたときは、やはり（やばぁぁぁ！）という叫びが脳内にこだました。

はじめて食べた味に感動して、「おいしい」だけでは言い足りないと思ったときにも、「ヤバいね、これ」と言ったりする。感情をゆさぶられたとき、考えるより先に出てくる脊髄反射みたいないものだ。イタリア語では「カーヴォロ」（キャベツの意）と言ったりする。

「ヤバみが深い」という表現もすごくおもしろかった。はじめて耳にしたのは、インターンで働いていた会社に勤める21歳の女性社員の口からだった。「〇〇〇み」という言い方が流行《はや》っていて、とくに若い社員が「わかりみが深い」「うれしみがヤバい」なんて言っていたように思う。

形容詞の語尾を「さ」に変えて名詞化した「ヤバさ」「うれしさ」よりも、「ヤバみ」「うれしみ」といったほうが個人的体験のリアルみが感じられるから不思議だ。「わかりみ」にいたっては、動詞「わかる」を強引に名詞にしてしまう大胆さがすごい。この「み」は「味」と同じ語なのだろうか。まだまだ知らないことがたくさんだ。日本語の沼はほんとに底が知れない。

こうしたスラングの多くは、何かをばっさり略していたりして、「正しい日本語を身につけたい」という思いで勉強してきた外国人の自分にとっては、目からうろこだ。意味もわからず使っている言葉の語源をいざ調べてみると、意外なところから来ていることも多くて楽しい。

「ヤバい」の語源は江戸時代にさかのぼり、「厄場《やば》」という語から来ているとも言われる。文字どおり危ない状態を指す言葉だ。「あやぶい」（危うい）が変化したという説や、そのほかにも謂《いわ》れは多々あるようだ。

「ヤバい」がポジティブな意味でも使われるようになったのは、バブル期に重なる1990年代前半。コントロールすることができない状況を表すことから「（度を越えて）すごく良い」という意味に転じたのも、なんだかわかる気がする。

『枕草子』のなかに、何度も出てくる「（いと）をかし」という表現があるけれど、どこかそれに似ているのかも。おかしい、変だ、おいしい、美しい、かわいい、感動的といった、いろんな感情をこのひと言が表してくれる。「ヤバい」も口語の古典として後世に残っていくのだろうか。

火事と喧嘩は江戸の華

江戸は火災が頻発したため、人々は長屋に風呂を作ることを禁じられていた。おかげで普及したのが銭湯。

そんな銭湯を舞台にした作品で私がとても好きなのが、黄表紙作家として知られる山《さん》東《とう》京《きょう》伝《でん》（１７６１〜１８１６年）の『賢《けん》愚《ぐ》湊《いりごみ》銭《せん》湯《とう》新《しん》話《わ》』だ。異なる階層のあらゆる人々が集う銭湯で起きた出来事を歌川豊国がおもしろおかしくたくさん絵に描き、京伝の洒落の利いた文章が綴られている。

この作品を読んで感じる最大の印象は、風呂という空間は、目に見える鎧《よろい》を取り去った人々の本音が浮かび上がる隠喩的な場所として、これ以上ない舞台だということ。

社会的立ち場なんて、後付けされたものでしかない。身分や貴賤に関係なく、風呂に入るときだけは生まれたままの姿に戻る。これが天地の本来の人の姿だと、山東京伝は言っている。

裸の付き合い

はじめて銭湯に入ったのは、大学1年生のとき訪れた京都だった。友達になった日本在住の学生から「銭湯に行かない？」と誘われ、それが何かもわからないままついていくと、ここで服を全部脱いで、という。えっ……!? 彼女の真似をして体を流したあと、熱いお湯の中に体を沈める。気持ちいい。リラックスしたせいか友達との話も弾み、より仲良くなれた。「裸の付き合い」は比喩ではなく、文字どおりの意味だったのだ。東京でスーパー銭湯に行ったときも、あらためて思った。見も知らない人たちの前で急にみんなが裸になるなんて、すごいよ。でも何だろう、この解放感！

上下関係が厳格な日本で裸になる（同列の存在になる）ことに人々が抵抗を感じないのは、きっと、「裸の付き合い」がおたがいの関係を深めることを誰もが知っているからだろう。

Secondo Piatto

弐

旅する日本語

「御縁」とのご縁

ロンドンでの仕事をやめたとき、まだ規制のさなかで日本には入国できなかったので、この機会にとポルトガルを訪ねてみた。その国、言語、そして人々のユーモアに触れ、すっかり恋に落ちてしまった。その後、コロナのせいで一年以上会っていなかった母に会いにマレーシアへ行き、ゆっくり過ごした。

とうとう日本に行けそうだという情報を得た翌日、やっぱりまだ入国はできないと判明して、母の家で鏡を見ながら泣き出してしまった。「ずっと日本に行けない！　ほぼすべての国に行けるようになっているのに」と母に愚痴をこぼした。

その後もしびれを切らしそうな日々が続いたけれど、ようやく入国解禁のときがやってきた。そして、私は三年ぶりに日本の地を踏んだ。興奮は始終収まることがなかった。どれだけこの日を待ったことか。

最初の目的地は長崎県の離島・小値賀島《おぢかじま》だ。五島列島の北端に浮かぶちいさな島。その美しい海は〝小値賀島ブルー〟と呼ばれている。マレーシアにいるとき時間だけはあったので、日本のどこに行こうか検討に検討を重ねた。その結果、文字どおり縁あって「島宿 御縁《ごえん》」という宿に決めた。コンビニすらないこの離れ小島をめざして、多くの外国人もまた訪れているのには、きっと何か秘密があるにちがいない。

青雲のメロディーと常連おじさん

佐世保港からフェリーに乗って3時間くらいで小値賀島に上陸した。あたたかい人々、オーバーツリズム（特定の場所に観光客が押し寄せて生じる問題）とは無縁なのんびりした日常、そして青い海に青い空。潮風とそのせいで傾いて立つ木々の美しさ。小値賀島は想像していたより何倍もすてきなところだった。

島を庭のように闊歩《かっぽ》する「こてつ」という猫ちゃんとも友達になった。新鮮なカマスを焼いた塩焼きは最高においしいし、呼吸をしているだけで生きていることに感謝したくなる。隠れキリシタンの歴史が垣間見える場所などもあって、毎日島のあちこちをめぐった。

島宿 御縁で迎えてくれたのは若いご夫婦オーナーと五人の子どもたちだった。ご主人のお母さんが「メロディーBOX」というカラオケバーを近くで運営していて、滞在していた約一カ月間、毎晩通った。おもしろい間取りになっていて、カウンター席の後ろにある壁の向こう側は広々としたコインランドリーのスペースになっている。私のような長期滞在者は、カラオケを歌いながら、ここで洗濯もできてしまう。

メロディーBOXでは本当にたくさんのお客さんたちと会い、いろいろな話をしたけれど、いちばん印象に残っているのは、ぼちゃぼちゃした体型の常連おじさんだ。常に物静かな彼とは挨拶程度しか会話ができなかったけれど、ママお手製の料理を食べていつもニコニコしている。そしていよいよマイクが回ってくると、決まって「青雲」という線香のCMソングを歌う。ほんの30秒ほどで終わる短い歌だったけれど、私より上の世代の日本人はみんな知っている曲らしい。私はこのおじさんを勝手に「セーウンのお客さん」と呼んでいた。

あまりにもしょっちゅう店に来ているから、たまにセーウンのおじさんの姿がないときはなんだか物足りない気がした。

ケンブリッジの先輩――美しさは見える

いつものようにメロディーBOXの扉を開き、ママに挨拶してから席に着くと、カウンターの端っこの席にひとりの外国人女性がいた。私より少し年長だろうか。時計の針はまだ午後6時。私はいつももっと遅い時間に来ていたから、いままでここで出会えなかったのかもしれない。

居合わせた御縁のオーナーさんが彼女に声をかけると、イギリス人でライターをやっている、と流暢な日本語で答えている。

「イギリスだって。テシと共通点があるかもよ」

私も興味津々。ちゃんと顔が見えるようにメガネをかけて、彼女の隣の席へ移動した。

「はじめまして、テシといいます」

「モードです、はじめまして」

ふたりして、ふつうに会釈し合っているのが何だかおかしかった。

「日本語はどこで勉強されたんですか」

「イギリスの大学で勉強しました」

「私もです！　イギリスのどこですか」

「ケンブリッジ大学の日本学科です」

「えっ、私もおんなじです！」

おたがい「おーっ！」となって、頭をめぐらせた。わかった、以前学部でお会いしたことのある先輩だ。席のそばに白い杖《つえ》が立てかけられている。そうだ、彼女は目が不自由なのだった。まさか小値賀島のカラオケバーでこんなふうに再会するなんて。

京都で一年留学した経験のある彼女は、ケンブリッジを卒業後にライターとしてある賞を受賞し、いま日本でふたたび旅をしながら本を書いているという。日本各地の有名な場所はいろいろ訪れたけれど、人の少ない田舎にはまだ行ったことがなく、このような小島に惹かれたのだそうだ。

「19歳のときに目が見えなくなっちゃって。突然だったし、目が不自由なことがどういうことなのかもほとんど知らなかった。だから、すごくつらくて悲しかった」

けれど、その後少しずつ考えは変わってきた。視覚の不自由さにもいろいろあって、彼女は色と形は見えるのだという。人の顔とか文字は判別できないが、美しい景色を全体として感じることができるのだ。

「海の色とか、夕日や朝日の色とか、その美しさが見えるのでうれしく思います。私が見ている美しさは、きっとみなさんの目に映る景色とはちがうだろうけど、でも美しい。ちがう見え方がしているだけです」

場所を移して海辺に並んで座り、いろんなことを話した。夕風に吹かれながら丁寧に語るモードさんの言葉一つひとつに、心が動いた。彼女は自身のフィルターを通して、独自の美しさを見ることができるのだ。

自分が見ているこの光景を、他の人もみんな同じように見ているとはかぎらない。当たり前のことは当たり前じゃない。そんな真理に触れた気がした。人それぞれの認識や価値観を大切にする意義を彼女は教えてくれた。

その後も小値賀島にいるあいだに、モードさんとは三回も道でばったり出くわした。これは偶然じゃなくて、私に何かを伝えようとしている運命の声なのでは、そう思えた。

フェリーの出港――見送り

小値賀島を去るときがきた。港での見送りはこれまで経験したことのないものだった。見送りという儀式は、日本には欠かせない文化だ。去っていく相手の姿が見えなくなるまで手を振ったり、ずっとお辞儀を続けていたり。

イタリアでは、夜に誰かを家まで車で送ったときは、相手が無事に家のドアを開けて中に入り、ドアが閉まるまでその場で待つのが安全性のためのルールだ。日本では、送ってもらった人は家の前で立ち、車が去っていくのをその場で見送る。まったく逆でおもしろい。

「見送り」はビジネスメールでも使われる。相手を傷つけないための言い回しとして「検討の結果、今回は見送りとさせていただくことになりました」などという。誠意をもって〝あなたをお見送りします〟という意味合いになるから、言われたほうもそこまで傷つかないのかも。

そんなわけで、いよいよ出港のとき。宿で知り合った日本人の女の子と私はフェリーの甲板から、船着き場に集まった島の人たちを見下ろして手を振っていた。そして、教えてもらっていたとおり、色とりどりの紙テープの端っこを握ったまま彼らに向かって思いきり投げる。船が港を離れるまで、送る人と去る人がこのテープでつながっているというアレだ。すると、まだ島で滞在を続けるフランス人のエレオノールさんとオーストラリア人のシャーロットさんが、港の埠頭へ走り、勢いよく海にジャンプした。水上に顔を出すとフェリーが見えなくなるまで、ずっと手を振ってくれていた。笑顔で楽しく。これが小値賀のお見送りだ。

フェリーの中に戻り、いっしょにいた女の子に「このあとは鹿児島に行くつもり」と伝えたら、「鹿児島ならイルカに泊まったらいいよ！」。

すごく力をこめて何度も言うので、このアドバイスに乗ってみようと決めた。すでに予約していたホステルはその場でキャンセルし、彼女にイルカゲストハウスへ電話してもらって予約を入れた。イルカ、どんなところだろう。楽しみがまた増えた。

出島のコンプラ瓶

佐世保港でフェリーを降りると、バスに乗り換え約1時間半で長崎駅に到着した。

長崎は歴史の教科書で学んだ都市だ。第二次世界大戦末期、原子爆弾の投下でこの街がどれほど破壊されたかを思うと、悲しい気持ちになる。それでも、はじめて訪れた長崎は印象的だった。山と海に囲まれた美しい風景、丘の上まで縫うように点在する家々、活気ある商店街やカラフルな建物、歴史を感じさせる建築物や中華街など、どこを歩いても魅力にあふれている。

長崎といえば出島だ。この小さな人工島をめぐる歴史ほど興味深いものはない。16世紀、種子島に鉄砲を伝えた商船に始まり、長いあいだ日本との通商を求めてきたポルトガル人は１５５０年に平戸に上陸。以降、大村藩を通じて交易とキリスト教の布教をおこなうようになる。しかし１５８７年、豊臣秀吉がバテレン追放令を出し、有名な「二十六聖人の殉教」(宣教師と日本人信者の処刑。映画『沈黙―サイレンス』でも描かれた)が長崎で起きた。１６１２年に江戸幕府はキリスト教禁止令を出し、１６３６年に海を埋め立てて造った小さな島「出島」にポルトガル人を収容する。その後、ポルトガルと手を切った幕府はオランダとの関係から１６３９年、それまで平戸にあったオランダ商館を出島に移し、幕末に至るまでの長い歴史が続いた。

復元整備された出島(出島和蘭商館跡)は一般に公開されており、ぜひ行ってみたかった。出島資料館では、磁器製の白いコンプラ瓶がおもしろかった。ポルトガル語のcompradores(買い手)から来ていて、日本の仲買人たちが自分たちのことを「コンプラ商人」と呼んでいたことから、そう名づけられた。木樽に代わって日本酒や醤油を詰めるために波佐見《はさみ》で焼かれたもので、なんとなく徳利に似た形をしている。

また、ポルトガルとの交易でもたらされた新しい食文化も、この出島から広がった。「カステラ」や「天ぷら」は有名だけど、「パン」や「金平糖」「ボーロ」もポルトガル語からきていたのか。当時は、砂糖が大きな輸入品目だったそうで、九州で「甘醤油」がポピュラーなのは当時の影響が今も残っているせいだろう。

鹿児島をめざす——ヒッチハイク

そんな興味深い長崎を満喫したら、次はいよいよ鹿児島だ。しかもヒッチハイクで。

ヒッチハイクは英語「hitchhike」の外来語で、「ハイク」は「歩く」を意味し、徒歩旅行であることを表す。「ヒッチ」は、カギやロープなどを「引っ掛ける」という意味がある。通りがかった自動車を引きとめることを、牛馬の首に縄を投げ掛けて捕まえるのになぞらえている。

ヒッチハイクのいいところは、ふだんは会えない種類の日本人とコミュニケーションが取れるところだ。これまでの来日でも、富士山からの湧き水を山ほどボトル詰めする人、高校の歴史教師、農家のおじいさんなど、さまざまな人たちとの出会いに恵まれた。
東京から長距離のヒッチハイクをする場合、スタートに適した場所は高速道路の入り口付近など、だいたい目星はつく。でも、長崎市内からだとヒッチハイク自体がむずかしいかも……と小値賀島で出会った友達が心配してくれた。そして、トラックの運転手をしている知り合いに電話し、どこからなら車を捕まえやすいかを聞いてくれた。

早速スケッチブックに〝鹿児島方面〟〝日本語出来ます〟とマジックで大きく書いて、提案してもらった場所へ行ってみた。大きなバスターミナルもあり、車を捕まえやすそうな感じはしたけれど、いくらスケッチブックを掲げて立っていても、車は止まってくれない。そこで、バス停で次のバスを待っている人に近づき、聞いてみた。

「鹿児島方面へ行きたいんですが、ヒッチハイクをするのにおすすめの場所ってありますかね」

「ここを通る車はだいたい国道に入っちゃうけんね。高速で行くなら、この先の突き当たりまで行って、道を渡ったところで待ったほうが捕まえやすいかもしれんねぇ」

言われたとおりにしてみると、数分もしないうちにやさしい運転手さんが車を停め、私を乗せてくれた。鹿児島までの道中はいろんなことを尋ね、また教えてもらった。

薩摩おごじょ、頑固、「御飯の友」という熊本のふりかけ、釈迦院の日本一の石段（3333段あるという）、天孫降臨、瓊瓊杵尊《ににぎのみこと》、木花咲耶姫《このはなさくやひめ》、奥ゆかしさ、玉手箱、カルカン、鹿児島弁の「痛い」（イテ・アイタ）は「熱い」という意味……。はじめて聞く言葉ばかりだった。

コンビニ奥の秘境酒場——手前味噌

夕暮れが迫るころ、長崎からスタートしたヒッチハイクの旅がようやく終わった。予想よりは早く到着したけれど、それでも5時間以上かかった。乗り継いだ三台の車の中で、運転手さんたちとの楽しいおしゃべりは途切れることがなかった。

「ここで大丈夫ですよ」

最後に乗せてくれた運転手さんに、宿までは歩きますからと伝えると、

「日本人はやさしいと言ったでしょう。最後まで運ぶよ」

結局、目的地であるイルカゲストハウスまで連れていってもらった。

お礼を言って車を降りる。

「すいませ〜ん」おしゃれな格子引き戸の玄関をくぐると、「はい、はい。ようこそ」とおかみさんが現れた。部屋に案内されて荷物を解いていると、小値賀島で知り合い

ここを勧めてくれたまきがひょっこり笑顔をのぞかせた。「テシが来たよ！」とおかみさんも笑って言い、私とまきは再会を喜んだ。

荷ほどきをしてひと息ついたあと、「じゃあ、そろそろ出かけようか」というおかみさんの声を合図に、私たちは夕暮れの町へと飛び出した。

昭和レトロなお店が並ぶ名山堀《めいざんぼり》に着くと、彼女の案内でこじんまりとした居酒屋「あかね」に向かった。外に置かれた屋台仕立てのテーブルには、瓶ビールの黄色いケースが椅子がわりに四つ置かれている。留学中に住んでいた高円寺の駅高架下にあった、昔ながらの居酒屋を思い出す。まき、おかみさん、そして私が座るとほぼ満席。人生初のレモンサワーを注文する。

そこに私みたいなショートカットの女性がやってきて、隣の席に座った。派手なオレンジ色の上着とパンツをはいている。彼女も薩摩おごじょだろうか。挨拶もそこそこに、みんなでわいわい話をしながら楽しく過ごした。

「じゃあ、次はふとしに寄ってこうか」とおかみさん。ふとし？　誰かの家？　聞けばコンビニの名前だという。セブンイレブンでもローソンでもなく、ふとし。何を買うんだろう。「はい、行きましょう！」と私。この際、何でも乗っていこう。

たどり着いたふとしは、私が知っているコンビニとはある一点で決定的にちがって

コンビニ奥の秘境酒場でイルカゲストハウスのおかみさんと。芋焼酎もおいしかったー

昭和の香りが濃厚にただようディープエリア"名山堀"の居酒屋「あかね」で外飲み

いた。店内に置かれている商品は種類こそ少ないけれど、冷蔵庫にはお酒やソフトドリンク類、商品棚にはちょっとした日用品や各種食材、パンやお菓子などが並んでいる。しかし、驚いたのは店の奥に向かったときだった。なぜか唐突に、和の雰囲気を醸し出すのれんが掛かっている。おかみさんに続いて恐るおそるそれをくぐると、目の前に現れたのはなんと居酒屋だった。おかみさんの目的はここだったのか。

なんたって鹿児島だからね、と言うご夫婦のマスターふたりにうながされて、芋焼酎を注文した。おすすめだというおつまみも頼むと、出てきたのは徳之島の名物である「味噌ピーナッツ」。そのときは名前を聞かなかったけれど、ピーナツに何かをまぶしたものみたいに見えた。どれどれと口に入れると、どこか馴染みのある味がした。

私がまだ幼かったころ、イタリアで高校の英語教師をしていた母は、毎年二週間ほど生徒たちといっしょにイギリスへ修学旅行に出かけていた。あるとき、「なにか買ってきてほしいものある?」と聞かれ、「レオタードとピーナツバター」と答えた。当時、私は器械体操をやっていて、ロンドンの専門店で売っているキラキラした生地のレオタードに憧れていたのだ。ピーナツも好きで、でもピーナツバターはトレントではお目にかかれなかった。

でも、なぜか日本のお味噌は売っていた。町に一つしかないそのお店へ出かけていっては、母が大切そうに少量のお味噌を買ってくるのだ。ただし、味噌汁を作るためじゃない(母は味噌汁の存在は知らなかったはず)。薬として使うのだ。茶色じゃなくてもっと深く濃い色をしていたから、きっと赤味噌だったのだろう。兄のアルーナや妹のアジア、そして私が「お腹が痛い」と言うと、母は「はい、この味噌を飲んで」と言い、「のど痛いよ」と言えば「オーケー、お味噌を作るからね」と言う。そして、スプーンですくったお味噌に少しだけお湯を加え溶いたものを無理やり飲まされる。食べ物として味わってはいなかったけれど、だからお味噌の味は体が覚えていて、その後、日本でお味噌の料理を食べるたびに、母が作ってくれた「薬」の味を思い出す。

　ふとしの味噌ピーナッツは、ちいさな粒状にした黄色いお味噌を、ローストしたピーナッツにからめたおつまみだった。甘塩っぱくてすごくおいしい。次から次へと私の手は伸び、止まらなくなった。それを笑って見ていた居酒屋のマスターが、

「手前味噌ですけどね、うちのお味噌はどこよりもおいしいですよ」

　昔は店で買うのではなく、自分の家（手前）で独自に作っていたお味噌。誰もがその味を自慢していたことから転じて、「手前味噌」とは「自分で自分を褒《ほ》めること」という意味になった。おもしろい表現だなと、すかさずスマホにメモを取る。

「これからは、私も〝手前味噌〟という言葉を使ってみます！」

　そう言って居酒屋ふとし（コンビニでもあるけれど）を後にしたけれど、いまもなかなか使えていない。「手前味噌ですが」の次にもってくる話の内容は、何かの自慢じゃないといけないからだ。相手に偉そうに聞こえるんじゃないかとつい心配してしまって、マスターみたいにスムーズに口にできない。

イルカゲストハウス——鹿児島に「入鹿」

イルカゲストハウスの紹介をしておこう。

Bookig.comや楽天トラベルみたいな宿泊予約サイトには登録されていないから、電話で予約を取る必要がある。そんな特別な宿。だから、ここにたどり着いて鹿児島での日々を過ごす人たちは、それぞれに独特のつながりや物語を携えている。

イルカという名は、「入鹿」という当て字から「鹿(児島)」に「入る」という意味も込められている。「鹿児島にたくさんの人が来てほしい気持ちを表してるの」とおかみさんが説明してくれた。鹿児島にイルカのように飛び込んできた旅人たちが、さまざまに交流できる場になっている。自転車で日本一周に挑戦している日本人や、世界各地からの旅人がこぞって集う、知る人ぞ知る拠点なのだ。

宿を切り盛りするおかみさんは、これが〝薩摩おごじょ〟かといった感じ

ヒッチハイクでついにたどり着いたイルカゲストハウス。荷物はいつもこれくらいかな

の朝から夜まで元気で気持ちのいい人だ。紅はるかの焼き芋にソフトクリームを乗せた「あっちん」(鹿児島弁の「あつあつ」+「ちんたか(冷たい)」)というスイーツで有名なマミーさんの店「マミーズカフェ」や、先述のコンビニ酒場「ふとし」、名山堀の「あかね」など、ひと癖もふた癖もあるおもしろいお店をたくさん教えてくれた。

ある日、おかみさんから蕎麦出汁《だし》だけを提供する店があると言われて、行ってみた。店内で削られた鰹節を引いた純度100パーセントの出汁を注文し、柚子胡椒で風味をつけながらすする。なるほど、ありそうでないアイデアだ。出汁は日本料理のベースに使うスープで、ふつうは醤油や味噌などを加えて味つけをする。なのに、その出汁だけを飲ませるというのだから。ほのかな酸味を感じるさせる鰹節の後を引く旨味が、口の中にじんわり広がった。次に、出汁味のソフトクリームを食べてみると、こちらは塩キャラメルに近いような味がした。

宿に帰ればおかみさんがおやつにみかん入り(!)のおむすびを握ってくれたり、朝になれば起こしにきてくれたりもする。至れり尽くせりな、みんなのお母さんだ。彼女のことが大好きになって、それからというもの、電車でも飛行機でもヒッチハイクでも、何度となく鹿児島を訪れることになった。

桜島は家族――「お兄さん」

鹿児島の人たちは、桜島のことを親しみを親しみ込めて「お兄さん」と呼ぶ。その姿が美しくバエていたり、噴煙や噴火が活発だったりすると、「今日はお兄さんがカッコいいね」と言うのだ。たしかに、おかみさんもよく口にしている。地元の人たちにとって、桜島はどっしり構えた頼りになる家族みたいなものなのだろう。

ある朝、起きて外に出てみるとお兄さんがとくにカッコよく見えたので、船で桜島に渡り自転車で彼を一周してみようと思い立った。約36キロメートルのコース。坂道が多いから普通の自転車だとけっこうしんどいよと言われ、電動自転車を借りた。3時間ほどで回れるはずだったけれど、戻ってきたのは5時間後だった。途中の道々で、地元の人たちと話したり、家に立ち寄ったりしたからだ。

あるとき、入るのをちょっとためらうような場所で自転車を停め、足を踏み入れてみた。何かの処理場の敷地だろうか。そこから眺める桜島は、すばらしく美しかった。

しばらくすると一台の車が入ってきて、こちらに近づいてきた。

「あの、すみません。ここに入っても大丈夫でしたか?」

「ええ。こちらのオーナーをしています。ゆっくり見ていってください」

ああよかったと、胸をなでおろした。

「どちらから来たんですか」

「イタリアです。ここから見える桜島の煙はすごく美しいですね」

「いやいや、もっとちゃんと噴火してくれればいいのにねぇ」

男性はなんだか物足りなそうな口調でそう言った。

錦江湾に浮かんだ大きな桜島。その頂上は標高１１１７メートルで、直径10キロメートルを超える広大なカルデラが広がる。１９１４年の大噴火で島の南東部に鹿児島県とつながる天然の橋ができるまでは、完全なる島だったそうだ。この噴火で火山灰に埋もれた島東部の黒神地区では、鳥居の上部だけが地上に顔を出している姿を今でも見ることができ、観光地となっている。

かつて桜島のふもとには五千人以上が暮らしていたが、近年人口は減りつづけ、ホテルや施設も次々と閉鎖されてきた。それでも、ずっとここに暮らしたいと思っている人々はいる。処理場のオーナーもそのひとりだ。しかも火山の噴火を恐れるどころか、もっとちゃんと噴火してほしいと願っているのだ。

「これしかないですが、飲んでください」

オーナーさんが車からビタミン入り飲料の小瓶を二本もってきてくれた。

「自転車で行くんじゃあ大変だから」

電動だから大丈夫です、と言うのもなんだか悪くて、ありがたく受け取った。

「それにしても、この風景は見飽きないですね」と言うと、「ごゆっくりどうぞ」と彼は去っていた。しばらく桜島を眺めていると、またまたオーナーさんが現れた。手には袋詰めのパン。

「お腹が空くだろうと思ったので、よかったらこれどうぞ」

「えー、ありがとうございます！　すみません」

私に食べ物を渡すためにわざわざ戻ってきてくれるなんて、本当に思いやりのある人だ。数分後、もう一台の車がやってきて近くに駐車した。ご夫婦らしい年配の男女が降りてきて、女性が缶のお茶を渡してくれた。

「こんにちは。自転車がんばってくださいね」

電動自転車なんですけど、とまた言いそびれてしまった。

青空の下“カッコいい”桜島をバックに。イルカで友達になったマナミとふたりで

躑躅の家のおばあさん――かいも飴と「縮む寿命」

灰に埋もれた黒髪地区を通りすぎると、美しい花が咲いている坂道を見つけた。生い茂る緑の葉の中にたくさんの赤紫色をした花が咲いていた。誘われるように近づいていくと、ひとりのおじいさんが道に出てきた。

「こんにちは。綺麗なお花があったので何の場所かなと思って。ここはお家《うち》ですか？」

「はい、うちの家です。この時期は躑躅《つつじ》が咲くんですよ」

「本当に綺麗ですね」

「ええ。桜島の代表的な花ですよ。どちらから来たんですか」

「イタリアから来ました。桜島を自転車で一周しています」

「イタリア！　良いところですね。おばあちゃーん、お客さんだよぉ」

おじいさんの呼びかけで、奥さんが家のドアからゆっくり現れた。

「こんにちは。私はイタリアが大好きですよ。お茶はいかがですか？」

「お忙しいところ、突然申し訳ありません」

「いいえいいえ、どうぞ上がってください」

言われるがまま、靴を脱いで「お邪魔します」と上がらせてもらった。

「何がいいですか。コーヒーかお茶……あ、日本のお茶は大丈夫そう？」

「日本のお茶、大好きです」

「お口に合うかな」

キッチンのテーブルにおばあさんと座り、霧島産のお茶を飲みながら話した。

「毎週、イタリアの小さな村についての番組を見てますよ。大好きです。あそこの人間関係はいいですね。みんなやさしくて」

その後、おばあさんの体の話になった。

「私は胃がとてもちいさくてね、お茶を一杯飲んだらすぐふくれてしまうの。だからたくさんは飲めないし、食べられなくて。胃ガンでいろんな手術をしたからね。それでこんなふうになっちゃった」

「それはそれは……」

「自分は食べられないけど、おじいさんには料理を作らないといけない。少しでも手伝ってくれたらいいんだけど、なかなか頼めなくてね。私はね、いまの時代、結婚しなくたっていいと思うんですよ。お付き合いならいいんだけど、結婚したらあれこれ束縛されるからねぇ」

おばあさん……いろいろ考えさせられる。すると、また笑顔に戻って、

「あなた、これ知ってますか。かいも飴《あめ》。日本の昔のお菓子です。かいもはこっちの方言でね、『唐芋』って言ったほうがわかる人は多いかもしれない」

「はじめて聞きました。からいもって何ですか？」

「サツマイモのことよ。かいも飴はお芋を蒸して潰して、お湯と麦芽で発酵させてから濾《こ》して煮詰めたものね。固まってるから噛むと硬いけど、口の中で溶けてくると、ふわっとサツマイモの味が広がっておいしいの。あっさりした味ですよ。砂糖はいっさい使っていません」

一つ口に入れてみた。たしかに最初は「カタッ！」となったが、噛んでいるとサツマイモの甘みがして、おいしいお芋を食べている感覚になった。せっかくなので、桜島一周を続ける前に、かいも飴とおばあさんといっしょに写真を撮りたいと思い、お願いしてみた。

「写真はダメ。写真を撮ったり撮られたりすると、寿命が縮むというから」

「縮む……？　その言い方はおもしろいですね」

たしかに写真や動画ばかり撮りすぎていると、目の前の瞬間を楽しむ時間が減って、人生が縮んでしまうのかもしれない。もしくは魂をカメラに奪われてしまう、ということなのかな。それってちょっと怖いけど。というわけで、おばあさんといっしょに撮った写真は一枚もない。

別れ際、切り分けられたかいも飴を袋に入れてくれ、お土産にいただいた。

「四つは縁起が悪いから、五つ入れておきますね」

もらった飴を自転車のカゴに入れて、私はまたペダルをこぎ出した。

脱毛ジェルを塗りながら――「冷たいですー」

「驚かないでね。日本の女性の多くは脱毛しているから、下の毛がないよ」

神奈川県のある温泉で女湯ののれんをくぐるとき、屋久島のゲストハウスで友達になった人が突然言った。

海外では、周りの人がアンダーヘアをどんなふうに整えているか知るには、直接本人に聞くしかない。だから親しい人や、そうした話題を好む人の事情くらいしか知ることはできない。でも日本では、銭湯や温泉に行くと意図して見ようとしなくても、初対面の人々がどうしているかが自然に目に入る。神奈川の友人が指摘したように、日本の女性は脱毛している人が少なくない印象があった。完全脱毛している人もいれば、形を整えている人もいる。

じゃあ、どんな方法で処理しているかまでは気にしていなかったのだけれど、のちに、日本で脱毛といえば、たいていレーザー脱毛を指すと知った。ワックスの経験しかなかったので、長持ちしそうなレーザー脱毛も試してみようかな。私はネットの口コミをチェックして選んだサロンに、さっそく予約を入れた。

当日、いろんなフリップを見ながらレクチャーを受け、施術室に入った。裸になるよう言われ、体にバスタオルを巻いてベッドの上に横になる。真っ白い天井を見つめながら、そもそも人はなぜ脱毛するんだろうと考えた。

日本では、「介護を受けるとき邪魔にならないように」、「生理のときの対策として」脱毛したほうがいいと言われることが多いそうだ。でも、自分の望みでやる人もいるんだろうなと思う。海外で全身脱毛をする人の多くは、恋人との体の密着度を高めたい、毛に触れられたくないというのが率直な理由だろう。

私はイタリアで15歳くらいのとき、一度はやめた器械体操にまた挑戦していたけれど、2歳くらい年長の生徒たちが「あそこを全部剃《そ》ったよ」と言っているのを耳にした。毛が器械体操の何に関係があるんだろうと疑問に思っていたけれど、そういうことだったのだろう。

気になったので、後日オンライン上で外国人に向けて「なぜＶＩＯを脱毛しますか」というアンケートをとってみたら、主な理由はこんな感じだった。

「より清潔感を感じるから」「居心地がいいから」「自分自身の満足のため」

また、アンダーヘアを三角に形を整える人が全部脱毛しない理由としては、「子どもっぽく見える」「バランスがよくない」という回答が目立った。

しばらくするとサロンの施術師が入ってきて、さっそく脱毛が始まった。

「チクチクしますー」

たしかにところどころは痛かった。ただ、他のいろいろなサロンで受けたワックス脱毛と比べれば、それほどでもない。

「チクチクという擬音語は、こういうときにだけ使うんですか」

「細い針みたいなものが刺さったときとか、そういうときに使いますね」

会話を楽しみながら処置は進んでいったけれど、いざ機械を使う前には、皮膚にジェルが塗られた。ジェルを塗る寸前で、施術師の女性が「冷たいですー」と言う。

塗られたとき、やっぱり冷たかったので「冷たい！」と私も声がもれた。

「冷たいですよねー。申し訳ないです」

少しずつ全身にジェルを塗っていくが、彼女は30秒ごとに「冷たいですー」と言いつづけた。冷たいのはもうわかっていることなのに、毎回「冷たいですー」と言ってくれるのだ。その可愛らしさと皮肉っぽさに、冷たさを我慢しながらクスクス笑ってしまった。さすがに言いすぎでしょ。漫才を聞いているみたいな気分だった。はい、レーザー脱毛のジェルは冷たいです！　完全に理解しました。

その後、しばらく日が経ってから想像もしないことが起きた。前回、十回分の施術コースに先払いをしたこの脱毛サロンが、何も連絡もなく、いきなり臨時休業になってしまったのだ。他の場所にある同経営の店舗も同じだった。倒産してしまうのだろうか。いまだに何の発表もないけれど、閉鎖の前日までサロンはお客さんに施術コース販売をしていたらしく、残念ながら私は詐欺に遭ってしまったようだ。こうした脱毛詐欺は少なくないため、みなさんもどうか気をつけてと伝えておきたい。もし詐欺に遭ったのであれば、泣き寝入りはせず声を上げるべきだろう。

ジェルも冷たく、お客さんへの対応も非常に冷たいとしか言いようのない、寒すぎる経験となってしまった。

裸のままでお辞儀をしあう――銭湯

スマホで見つけた神楽坂の銭湯「熱海湯」。名前がいい。今日の用事は全部すんだし、のんびり歩いて向かうとしようか。いざ到着して建物を目の前にすると、まるでタイムマシンに乗ったかのような感覚になった。昔ながらの雰囲気ただよう建物だ。まだ時間が早いせいか人の出入りはあまりない。

520円を支払って女湯の脱衣所に入ると、ひとりのおばあさんがお風呂からあがって体を拭いているところだった。先にトイレに行こうと思い、ドアを開けると和式のトイレ。専用のスリッパを履いてしゃがもうとしたら、便器の中にお尻から落ちそうになって、あわてて目の前の配水管をつかもうとした。と、パイプの表面に何かを書いた紙が貼ってある。

〈この配水管をつかまないでください〉

きっと他のお客さんも同じことをしたんだなと思い、笑ってしまった。

トイレから出ると、おばあさんがまだ頭にタオルを巻いたままその場にいた。私たちはおたがいにお辞儀をして「こんにちは」と挨拶した。

「外人さんと話せた！　今日は外人さんと話せたって日記に書かなきゃ」

うれしそうに言うと、両手で私の頬を支えるようにして「顔ちっちゃいねぇ」と目を丸くしている。「外人さんと話せてうれしい！　しかも日本語で。どこから来たの？」

「イタリアからです」

「わあ！」そして、おばあさんは何度も「ありがとう！」と言ってくれた。

話しながら服を脱いでロッカーに入れ、もう私はすっかり裸になっていた。そのとき、もうひとりのおばあさんが入ってきた。先に来ていたおばあさんが「イタリアからだって」と教えている。私はふたり目のおばあさんにも自己紹介することになった。裸のままでお辞儀をするのは初めての経験で、不思議な気分だった。

お風呂場の引き戸を開けると、湯舟が二つ。洗い場で体を洗ってから、手前のお風呂に足を入れる。思った以上に熱くて、これはすごい温度だと思った。そこで、隣のお風呂に入ろうと壁に書かれた注意書きを見ると、なんと〝高温〟とある。どっちも熱いのか……。意を決して入ってみた。お湯は熱々で、そのまま溶けてしまうかと思った。でも、体がちゃんと温まるまで数分しかかからず、効率はよさそう。おばあさんのやさしい言葉と笑顔を思い出しながら、目を閉じてつかの間の癒しを楽しんだ。

脱衣所に戻り、服を着ながらまわりを見ると、フェイスパックをしている人、スキンケアクリームを全身に塗っている人、それに裸のまま生理用品を付け替えている人もいたりして、自由でいいなー。

銭湯の女湯では、生理すら隠されていない。外の世界とはまったく異なる解放区みたいだ。そんなところも、私が銭湯に惹かれている理由の一つだ。

でも、日本に来て、最初にこうしたコントラストに気づかせてくれたのは、じつは、ある「黒い袋」との出合いだった――。

ドラッグストアの特別包装――黒いビニール袋

交換留学で東京に来て四カ月ほど経ったころ、ある日曜の午後に中野ブロードウェイのドラッグストアに入った。ひとりの中年女性客がレジに薬をいくつか置くと、店員はそれらを白いビニール袋に入れ、渡している。彼女の後ろに続いた五人の女性も同様に、レジで白い袋に購入商品を入れられていた。

でも、制服姿の女子高生がレジへ進んだとき、店員の対応が変わった。彼女が買った商品はまず茶色い紙袋に入れられ、テープで密封された後、さらに手提げ付きの黒いビニール袋に入れられた。何か隠す必要のあるものでも買ったのだろうか。だとしたら、なんだ？

（あっ！）と思った私は、ためしに大きめの生理用品を二パック、レジへもっていった。すると、思ったとおりさっきと同じ儀式めいた包装サービスが始まった。慎重に一つずつ茶色い紙袋に入れて封をし、それぞれ別の黒いビニール袋にそっとしまわれた。そして、若いレジ係の女性は、二つをいっしょに別の大きな袋へ入れた。「透けないように、もう一つ黒い袋に入れておきますね」そう言い添えながら。

このレジ係の気配りには驚いた。過剰だなと思う反面、ありがたくも感じた。

イタリアで、ひとりで生理用品を買いにいった高校生のとき、ビニール袋は有料なのでその代金まで払いたくなかったのと、もっていたカバンが小さすぎたこともあり、私は生理用品を裸で手にもったまま家まで帰った。たった5分の距離だったけれど、恥ずかしくて早足になった。世界じゅうどこを探しても、生理用品の箱をじかに手でつかんで町を歩いている人はなかなかいないだろう。

中野ブロードウェイでの買い物で思ったのは、生理、そして生理用品というものは、日本の女性たちにとっても、よっぽど隠しておきたいものなんだということだ。この深い配慮の奥にあるものとは何なんだろう。興味を惹かれ、それからいろんな人に意見を聞いてみた。

黒い袋ならいいのか？――安心感と悪目立ち

２０１９年にユニ・チャームの生理用品ブランド「ソフィ」が立ち上げた「#NoBagForMeプロジェクト」は、生理用品を黒いビニール袋に入れるステップをなくすことで、生理に対する恥の意識をなくそうというのが目的だったらしい。

しかし、私がＳＮＳを通じてアンケート形式で話を聞いてみた女性たちからは、また異なる反応があった。

ビニール袋に入れただけなら安心できるわけじゃないけど、袋が透けて見えないということは、中身がバレないわけだから、たしかにその点では安心です。でも、たとえばスーパーに行ったとき、透明の袋と黒いビニール袋を別々に手にもってたら、生理用品を買ったことがバレるんじゃないかと思っちゃう。黒い袋が目印になって、ああ、あの人は生理用品を買ったんだ、と思われるのが嫌。

ゆりさん(27歳)の言葉だ。日本社会において多くの人が求めるのが「安心感」。女性のお客さんを安心させることは小売業者にとって重要なことで、包装にこめられた「気遣い」もそこから生まれてくるのかもしれない。

しかし、袋の色のせいで中身が見えないのはいいけれど、特定の袋が選ばれたという事実から、〝恥ずかしい〟生理用品を自分が購入したことを第三者に知られる恐れもまた生じてしまう。中身を隠すという当初の目的が皮肉にも破壊され、かえって悪目立ちしてしまうのだ(黒いビニール袋はコンドームやアダルトグッズなどにも使われるので、男性も同じような気持ちになるのかもしれない)。

このあと、ゆりさんは「だから黒いビニール袋はやめてほしい」と言ったけれど、その理由は#NoBagForMe運動がめざしたものとは異なる。生理用品はシンプルな茶色い紙袋に入れてくれれば中身は見えないし、そのままバッグにしまえば十分なのだとゆりさんは言う。「そのほうが誰にも気づかれないし」。恥の意識は、消えたわけではないようだ。

男性に生理を伝えること——「リネスをお願いします」

異性と月経の話をする不安は、相手が月経を性的なものと結びつけて興奮することを恐れる気持ちから来ているのかもしれない。だから多くの女性は、じかにそれを経験し、理解している人、つまり女性同士でしか話さないのだろう。

父親とふたりきりの旅行中、当時中学生だったみゆさん（22歳）は突然生理になり、ナプキンを買う必要が生じたそうだ。

　コンビニに向かう車の中で、父は生理について「自然なことだから恥じることはない」と言いつづけていました。もう私は死にたいくらいで、何も返事をしませんでした。頭の中にあったのは（頼むから話題を替えてくれ！）ということだけ。

この話を聞いた瞬間、私も中学生のとき父に生理用品を買ってきてくれるよう毎月頼むとき、気まずかったなと思い返した。母はフルタイムで働いていたので、買い物を担当する父にお願いするしかなかったのだ。

いま思えば、一度にまとめ買いしてもらってストックしておけばよかったのだけど、月に一回、朝学校に行く直前に「Lines è per favore」（リネスをお願いします）と紙に書いてキッチンに置いておいた。父と顔を合わせなくてもすむように。

リネスとは、イタリアの生理用品の中でも値段の高いブランドだ。素晴らしい吸収力と着用感を謳う広告にすっかり洗脳された私は、それが欲しかった。八枚くらい入ったパッケージは、当時で約６００円くらいした。

学校から戻ってキッチンのテーブルを見てみると、頼んだ生理用品が置いてあった。こっそり自分の部屋へもっていく。取り忘れたときは、父から「あれ、もってって！」と言われた。そんなときは、恥ずかしくて「あ、ありがとう……」としか返せなかった。

その後、生理は全然恥じるべきことじゃないと気づいてからは、性別を問わずオープンに話せるようなった。タブーだと思わない人が増えれば、それはタブーではなくなっていくはずだ。

環境への関心から――月経カップと洗えるナプキン

使い捨て生理用ナプキンは、その90パーセントがプラスチックでできている。タンポンはナプキンに比べて汚染は少ないけれど、廃棄すればやっぱり環境に影響は出る。こうした自然環境への関心の高まりから、今後は日本でも、少しずつ月経カップ（ムーンカップ）や〝洗える〟生理用ナプキンが主流になっていくのかもしれない。アンケートにこう答えてくれた、あきこのように。

> 自分が使っていた生理用品が何でできているか知ってから、素材を選ぶようになった。いまはコットンナプキンを使っている。私にとっては大きな変化だった。

月経カップや洗えるナプキンを使うようになれば、環境におよぼす害も減る。生理用品を洗ってリユースすることで、女性たちは自身の月経に、より向き合うことになる。〝汚れたもの、不潔なもの〟ではなく、自然なものとして受け入れられるようになっていくといいなと思う。快適な装用感を保ちながら、持続可能な生理用品のさらなる開発にも期待している。

歩きに歩いて私はどこへ――方向音痴

「方向音痴」こそ私の代名詞だ。これまでに学んだ複数の言語のなかでも、これほど自分にピタッとくる言葉はない。この四字熟語に出合うまで、私は自分のことを「すぐ迷子になる」「道がわからなくなりやすい」などと説明していた。

でも、もう大丈夫。「私、方向音痴なんです」これでいい。

方向感覚がない人、それが私。入り組んだ東京の街では、道に迷わないほうがめずらしい。

友人たちと遅くまで食事を楽しんだ夜、終電に間に合うようみんなで走り、なんとか無事に電車に乗ることができた。ほっとひと息。しかし、二回目の乗り換えで問題が起きた。新宿駅で都営大江戸線のホームを見つけられず、なんとなくたどり着いた別の路線の電車に乗ってしまったのだ。気づいたときには、引き返す電車はすでになし。

下車した駅から家まで、徒歩で1時間ぐらいかな。まあ問題ないだろう、と思って歩き出したけれど、途中でスマホの充電が完全に切れてしまった。

闇の中に明るく浮かび上がるコンビニに駆け込んで、店員さんに道を尋ねた。

「ああ、それならここを左に進んで、その先を曲がる感じですね」

「ありがとうございますっ、助かりました！」

感謝の気持ちを込めて頭を下げた。とりあえず、左に行けば大丈夫だよね。30分くらい歩いたところ、また別のコンビニに飛び込んで道を尋ねると、

「歩いていくんですか？　ここから40分はかかりますよ」

さらに30分後、また別のコンビニを見つけ、ふたたび地図を見てもらった。

「ここから徒歩だと40分以上はかかるんじゃないですかね」

おかしい……きっとどこかで道を間違えたんだ。全身の力が抜けていく。

ひと気のない夜中の東京で、知らない駅で降りてから、すでに2時間近くが経っていた。ようやく見覚えのある町までたどり着くと、安心したせいか、道端のいろいろなものに目がいくようになった。

●日経新聞の束をバイクに積んで配達の準備をしている人の姿

●ゴミ置き場に積まれた本の山。しゃがみ込んで手に取る。『先送りせず「すぐやる人」になる１００の方法』『欲情の作法』『まちづくり戦略３・０』

●無人の餃子販売所。三人前が一セット１０００円で売られている

●深夜営業の立ち食い蕎麦屋

●整然と分別されて置かれたゴミたち。臭いもない

こんな時間でも、東京の街には人の営みの匂いがしている。

さあ、早く帰って、あったかいふとんの中で眠りにつくとしよう。

私に答えてほしいのだけど――目線

旅先にもっていくお土産を見つける時間がなくて、出発前に羽田空港で探そうと思ったときのこと。早めに空港に行って、以前もいっしょに働いた日本人の友人と落ち合い、朝食を食べてから空港内でお土産を物色しはじめた。

ある商品の賞味期限について店員さんに日本語で尋ねると、彼女は私と目線をまったく合わせようとせず、隣にいた彼のほうを見て説明した。

(聞いたのは私なのに……)

ようやくお土産にする品が決まり、レジにもっていって「こちら、お願いします」と言った。袋が必要かどうか店員さんは確認したいようだったけれど、やっぱり私には聞いてくれない。友達の顔を見ながら三種類の袋の大きさと値段を説明したうえで、「どうされますか?」と言う。代金を払うのは私だし、私にしか決められないことだか

ら、横から口を挟むみたいな形になるのは不本意だけど、私が答えるしかなかった。

それでもまだ、店員さんの目線は友達のほうに向いている。

（どうして？　私が払うのに⁉）さらに悶々《もんもん》としてくる。

「その人が日本語を話せるかどうかわからないから、とりあえずそうするんじゃない？」と理由を挙げる人もいるけれど、目線は関係ないはずだ。もし、自分の前にふたりの人がいるとしたら、私はできるかぎり目線を双方に同じように合わせて話したいと思う。細かい意味はわからなくても、その人の存在を、今ここにいることを大事にしたいからだ。


目線を合わせてくれないことで、こうして不意打ちのように傷ついてしまう外国人がいる、ということを知ってほしい。あるサービスに対して自分も同じく代金を支払っている場合は、みんなと同じようにしてもらえるとうれしい。

というわけで、目線が欲しかった空港内のお店を後にして、飛行機に飛び乗った。

お相撲さんの髷の匂い――もんじゃ焼き

「もんじゃ焼き」は東京のソウルフードとも称される一品だ。

一度食べてみたいと思っていたその味を楽しむべく、日本人にも愛される下町の名店を探し出した。せまい空間に鉄板をはめたテーブルがずらりと並んだ、郷愁をくすぐるようなお店。座席に着いて友人の花子の肩越しに店内を見渡すと、なんとそこにはお相撲さんの姿があった。本物の相撲取りをこんな身近にするのは初めてで、口を開いたまま見入ってしまった。

　印象に残ったのは彼らの髪型だ。大学で先生から教わった話によると、トップクラスのお相撲さんの髪型は銀杏《いちょう》の葉を模している。その「葉柄」は、頭に乗せたまっすぐな髪の「棒」で表現されている。

　また、特有の甘い香りだけでお相撲さんが近くにいることがわかることもある。それは、床《とこ》山《やま》が毎日相撲取りの髪の毛につける鬢《びん》付け油の香りだ。一般のお店で売られている「すき油」と同様に粘り気がある。あとで両国の店に行って私も鬢付け油を一つ買った。バニラのようないい匂いがする。

　そんなお相撲さんがいるもんじゃ焼きのお店でメニューを再確認し、注文を決めた。もんじゃ焼きは、生の材料から焦げがつくまでの過程を楽しむ料理だ。レモンサワーをチビチビと味わいながら、材料が届くのを待つあいだ、花子との会話を楽しんだり、お相撲さんの動向を見守ったりした。

　材料を鉄板に空けて焼きはじめると、食事を終えたお相撲さんたちが立ち上がり、帯を巻き直していた。食事中に帯がきつくて外したのか、それとも再調整していたのか、とにかくその帯を巻く姿が何ともカッコよくて見とれてしまった。

もんじゃ焼きのじりじり焼ける音が聞こえてきた。これが「いただきます！」と食べはじめる合図だ。イカ、タコ、ホタテ、エビ、コーン、紅ショウガ、卵などが入った豪華なもんじゃ焼きで、多彩な味わいと食感が楽しめた。

もんじゃ焼きは、昔から現代までずっと同じ味だったわけではない。江戸末期から明治にかけて物資が不足していた時代、半紙や墨など習字の道具を買うことのできない子どもたちに、小麦粉を水に溶いた生地で鉄板に文字を書いて教えたり、遊んだりしたと言われている。それを「文字焼き」と呼んでいて、のちに転じて「もんじゃ」になったという。だから、もんじゃを取り分けるヘラのことを「文字ヘラ」という。同じ空間にお相撲さんたちもいるお店で、文字ヘラを使ってもんじゃ焼きを食べる。その一瞬一瞬が、ああ私、下町にいるんだな、という気分を高めてくれた。

ヒッチハイクでの物語——一期一会

イギリスの田舎で一年過ごした高校生活で、日本大好きな親友キャサリンは、私のことを愛情こめて「イチゴ」と呼んでいた。私が苺をこよなく愛していたからだ。

その後、「いちご」という発音は果物だけでなく、「一期一会」という表現にも使われていることを知った。

２０１７年、広島から東京までヒッチハイクをしたとき、車に乗せてくれた人たちとお別れする際、もってきた白いTシャツに「メッセージを書いてくれませんか」とそのつど頼んだ。最後には、たくさんの言葉が並んだオリジナルのTシャツが出来上がった。ある学生さんが、そこに「一期一会」と書いてくれた。茶道の茶会から来た言葉で、出会いは一生に一度のものだと思ってそのときを大切にしよう、という意味だという。私は興奮しながら思った。旅は、たしかに一期一会の出会いにあふれているなと。

なかでも忘れられない出会いがある。夏休みに京都へ向かう途中、東名高速のサービスエリアでヒッチハイクさせてくれる人を探していたときのこと。夫と2歳くらいの息子さんと、実家へ帰省するところだという日本人女性から声をかけられた。〝京都までお願いします。日本語話せます〟と書いた手製のポスターを掲げ、外に立っていた私に気づいてくれたのだ。パートナーさんがお子さんの手を引きトイレへ行ったタイミングで、こちらへ近づいてきた。

「どこの国から来たんですか。イタリア？　そうなんだ。私はね、大学時代アメリカに留学してたの。そこで出会った男性がいまも忘れられないわ。でも、留学が終わって日本に戻るとその人とは遠距離で別れてしまって……。いまの旦那も大好きだけど、あんな恋愛は一生に一度だったわー。あ、ごめんなさい、急に話しかけちゃって」

トイレに行っている彼女の夫さんになんだか申し訳ない気持ちになったけれど、初対面の私に自分の人生の大事な思い出を教えてくれたことに感動した。お別れする際、彼女は私にぎゅっとハグをしてくれた。それは、それまで私が日本で受けたなかでもっとも心に残る、親しみのこもったハグだった。

一期一会。彼女の人生に秘められた小さな物語は私の心に深く刻まれ、いまもそのあたたかさは消えることがない。

日本2日目の出会い——浴衣と手拭い

大学1年生、2017年の春休みに、私は初めて日本を訪れた。前年9月にケンブリッジ大学に入学してから、一度も行ったことがない日本の言葉を一生懸命勉強していたけれど、専攻した国のことをもし好きになれなかったらどうしようという不安もあって、早く日本に行きたいと願っていた。

日本の土を踏むと、まずは京都に向かった。翌日は、嵐山の竹林を訪ねるため早めに宿を出る。散策の前には、人生初の抹茶ソフトクリームを味わった。イタリアではソフトクリームはあまり見ないけれど、毎年夏に家族で訪れるギリシアには二種類のソフトクリームがあって、週に一度、両親におねだりしていた。でも振る舞いが悪いと買ってもらえないこともあった。

だから、地球の裏側にある京都の嵐山で誰にも許可を求める必要なく、自分の意思で抹茶ソフトを手に入れたその瞬間、二十歳《はたち》の私は言葉にならない自由と力を感じたものだ。

ソフトクリームを片手に外のベンチに座る。隣には一組の老夫婦がいた。彼らに「スミマセン」と声をかけると、「日本語おじょうずですね」とおばあさん。そこから片言の日本語でコミュニケーションが始まった。少しすると、おじいさんが立ち上がり、「あっちを見てくるから、ふたりで楽しんでおいで」と歩いていき、私とおばあさんだけで嵐山を散策することになった。

当時、私の日本語力はまだまだで、自分が何を話したか何を聞いたのかも、後で調べてようやく理解できる程度だった。彼女が大阪在住でお子さんがいること、私がイギリスの大学で日本語を勉強していて兄妹がふたりいること、そんなことをおたがいに伝え合った。

観光客であふれかえった嵐山には、日本の伝統的な商品をあつかう店がたくさんあった。お箸、着物、浴衣などなど。おばあさんといっしょに浴衣のお店に入り、目についたものを店員さんに着付けしてもらった。鏡を見て、「わあ、キレイですね」「綺麗だわ〜」とふたりして言った。

　私が知らないうちに、おばあさんは浴衣に帯、足袋《たび》、草履《ぞうり》を含めた一式を買ってくれていた。それに気づいたのは「あなた、それを着たまま出ましょう」と言われたときだ。私の日本語力では「そんな、いけません。困ります」とか「お礼に、このあとお食事をご馳走させてください」なんて言うこともできず、満面の笑顔で「ホントウにありがとうございます」とだけ伝えた。

　日本を訪れるのが十回を超えた現在でも、予想外のやさしさやおもてなしに出合って驚くことは多い。今もしあのときみたいな出来事が起きたら、ちゃんと対応できるだろうか。

　梅の模様を染め抜いた浴衣に草履履き姿で、おばあさんと次に入ったのはかわいい布が並んだお店だった。そこで、また一つプレゼントされてしまった。「どうぞ。これは日本の手拭いですよ」そのときはどう使うのかわからなかったけれど、イギリスに帰ってから、日本人の友達に手拭いの便利な使い方を教えてもらった日本に来たばかりの私には、夢の中にいるような時間だった。彼女から住所を教えてもらい、ケンブリッジに戻った後もしばらく文通した。私は大学のイベントや寮で、いただいた浴衣をよく着ていることなどを伝えた。おばあさんから最初に届いた手紙は今も大切にもっている。むこうが透けて見える綺麗な和紙の便箋に、美しい字が何行にもわたって丁寧に書かれていた。

美濃のカフェで感じたこころ——ぬくもり

岐阜県美濃市を訪れるのは初めてだったけれど、美濃のことはケンブリッジ大学の学生寮エマニュエルカレッジで毎夏開催される和本リテラシー（変体仮名や草書体漢字の読み書き）についてのワークショップで知っていた。江戸時代を専門とする先生がそこで美濃和紙を使っていたからだ。美濃で作られる和紙は、その美しさで昔から高く評価されてきた。その秘密は、町の特異な位置と清らかな川の水によると言われる。

美濃市の駅に到着した瞬間、和を感じた。人混みの東京から来ると、まず感じられるのは静寂と自然、聞こえてくるのは電車の音だけ。駅自体が木材で作られていて、まるで山に包まれているようだ。

和紙の町を感じるために少し歩き、人づてに勧められたカフェに入った。この本の原稿を少しここで書けたらいいなと思っていた。

「こんにちは、すみません。いいでしょうか、いま」

「どうぞ。日本語じょうずね！」

「いえいえ～。何がおすすめですか」

「日本語は読めますか」

「はい、だいたいは」

「メニューのこちら、柚子ティーは自家製でさっぱりした味ですよ」

「じゃあ、それでお願いします。あとは何か食べ物とかありますか」

「ほとんど終わっちゃいましたけど、トーストならあんこかチーズを選べます」

「あんこが好きです！」

普通のトーストではなく、パリパリ熱々のおしゃれなあんトーストをいただいて、「おいしい」とこぼれた言葉から、またお店の方と会話が始まった。

「店主さんが日本語でいちばん好きな言葉って何ですか」

「なんやなあ……」

一分くらいシーンとした後、店主のあゆみさんは「こころかなあ」と答えた。

「ただ、そのこころは心臓なのか、（頭を指して）ここなのか、足なのか、どこの〝こころ〟なのかわからないけどね。でも、それがなければ人の気持ちはつながらないし、つながれない。お客様の側とお店をやっている側で立場はちがいますけど、でもこうやってお話をしていると、こころでつながれる気がします。二十歳になる前にこのお店を始めたんですけど、ずっとこころを込めてやっています。みなさんが入ってこられたときに、ふわーっとした空気を感じてもらいたいんですよね」

「ぬくもりって、わかりますか」と、こんどはあゆみさんから聞かれた。

「ちょっとわからないですね」

すると近づいてきて私の右手を両手で包むと、「これがぬくもり。ふわーっとあたたかいでしょう。そういう気持ちを込めて毎日作っています。みんなが焦って仕事をしているときには『ちょっと待って。深呼吸しましょう』と言ってますよ」。

鹿児島であっちんを作るマミーさんのあたたかさを思い出した。ほっとする空間。

「こうやって働くと疲れはしますが、心地よい疲れです」とあゆみさん。

カフェのぬくもり、ふわーっとする空気、そのこころがぐっと伝わってきた。

今治の田んぼ――実るほど頭を垂れる稲穂かな

あるとき、愛媛県の今治《いまばり》を訪れた。町で催されている秋のお祭りに出かけ、ホームステイ先に戻る途中、稲がたくさん広がる田んぼがあった。

そこで、同行してくれた日本人の方から「実るほど頭《こうべ》を垂れる稲穂かな」ということわざを教わった。稲の穂は実るほどに重くなって穂先が地面に向かって下がるというイメージから、人間も偉くなればなるほど、謙虚な姿勢で人と接することが大切であるという意味だ。人間の本質に通じる姿を自然のなかにとらえた言葉で、日本人らしい着眼点だなと思う。

（待って、これはどっかで覚えがある話のような気がする……）

はじめて日本に来たとき、京都の電車で同じ車両に乗り合わせていたあるおばあちゃんが、私のために黄色い紙にペンで絵を描きながら、何かを伝えようとしていた。いま思えば、まっすぐ伸びた稲と斜めに傾いた稲穂のようだった。

当時の私に理解できたのは「結婚すると」「大きくなっていくと」という言葉だけ。深い話をしている雰囲気は伝わってきたけれど、あれ以来、彼女は何を言いたかったんだろうとずっと気にかかっていた。

「実るほど頭を垂れる稲穂かな」の説明を聞いたとき、黄色い紙のおばあちゃんは、きっと私にこのことを伝えようとしてたんだ、と直感した。ずっと気になっていた未解決の謎がついに解けた瞬間だった。

石見神楽の巫女に――「よろしくお願いいたしまする」

最初はいったいどういう話なのか、よくわからなかった。

あるとき知り合いを通じて、島根県西部で開催される高級ツアーのガイドとして来てもらえませんか、というオファーをもらった。インバウンド向けにアテンドする仕事らしい。事前の練習材料も用意してあるそうだ。私のほかに、忍者の役者兼声優の日本人女性ひとりもピックアップしているらしい。情報はそれくらいだった。

え、なぜ忍者？　パフォーマンスみたいなことをするのだろうか。

最初のオンライン打ち合わせで、「石見神楽《いわみかぐら》」のツアーだと知った。落語や能、歌舞伎はなんとなく知っているけれど、恥ずかしながら神楽という言葉は初めて聞いた。文字を見ると神々の音楽というイメージが湧いてきて、なんだかいいなと思った。

そのあと、いろいろな歴史や謂《いわ》れなどを知った。神様の居る場所「神座《かむくら》」が「かんぐら」→「かぐら」と変化して、この呼称になったそうだ。神楽の起源は『古事記』や『日本書紀』にある「岩戸隠れ」のシーンにあって、太陽の神様・天照大神《あまてらすおおみかみ》が天岩戸《あめのいわと》に隠れてしまった際、その前で天鈿女命《あめのうずめのみこと》が舞いを舞って出てくるように誘った神話から来ているという。

つまり踊りや音楽を奉納する、ということなのかな……。

そして二回目の打ち合わせで、ようやくツアーガイドの全貌が明らかになった。石見畳ヶ浦（「千畳畳」という広大な岩場。天然記念物でもある）と石見市内の「しまね海洋館アクアス」の二カ所で、私は巫女《みこ》さんの装束を身に着け、ツアー用のセリフを日本語と英語両方で交互に話しながらガイドするらしい。約5時間に及ぶツアーの旗振り役だ。

もうひとりの日本人ガイドはやっぱり忍者の格好で、ツアーに同行するらしい。

うわー、たいへんだ、覚えることが多そう。でも、いい機会だしやってみたい！

事前に送られてきた台本や進行の説明書などを見て練習を重ね、ついに島根に向かう日を迎えた。リハーサルは思っていたより上々の出来で、ちょっと安心。忍者役の女性がとても自由な方で、思ったことを率直にどんどん言うのがおもしろかった。

リハーサルのときも、強い風が吹いてきて寒いなーと思っていると、

「寒いので車に入らせてくれませんか」

「休憩したいです」

「30分寝たいんですけど」

誰に対してもはっきり意思を伝えていて、逆に私も気が楽だった。

ツアー初日。お客様が間もなく到着するという時間になると、急にドキドキしてきた。フリーランスとして働いていると、ストレスを感じそうな仕事は自分の意思で避けることができる。でも、これはいい意味での緊張だった。久しぶりに仕事に大きな張りをもって臨めるチャンス。これも貴重な感情だ、と自分に言い聞かせた。

お客様が到着した。台本を頭の中で繰り返し、私は口を開いた。

「私たちは日本の神話への水先案内人です。私は神話の世界に導かれイタリアから修行しにまいりましたテシと申します」

日本語で言ったあと、英語でも同じ内容を伝える。

そして、ずっと練習してきた挨拶を忍者さんと息を合わせて言った。

「よろしくお願いいたしまする」

「いたします」ではなく「いたしまする」。この言い回しは歌舞伎や狂言によく出てくるけれど、丁寧さを表す助動詞「ます」の古い語法が変化した終止形なのだ。

それを知ったとき、ケンブリッジ大学で2年生のときに選択した古文の授業を思い出した。最初は、「未然形・連用形・終止形・連体形・已然形・命令形」と言われても、何のことなのかさっぱりだったが、いろんな文章を訳せば訳すほどわかるようになり、「どっちかな」と当ててみるのも楽しくなってきた。餅をのどに詰まらせてお金を払いたがらない浮世房（仮名草子「浮世物語」の主人公）のセリフはとくに印象に残った。文節ごとの語尾の響きが耳に心地いいのだ。「つまりたる餅は外へや飛び出でぬらん、腹へや滑り入りけん、知らず」とか、「まする」に通じる雰囲気があるよなー。

　そんなことを考えて、一瞬うわの空になってしまった。

（やば、次のセリフを言わないと！）

「では畳ヶ浦に向かうトンネルに入りましょう。暗いですのでみなさんに松明《たいまつ》をお渡しします。それを手にもって歩いていただきます」

　トンネルの出口にたどり着く手前から、鈴神楽の音が聞こえてくる。

「鈴の音が聞こえてきました。そろそろ神迎《かんむかえ》という儀式神楽が始まります」

「シッ、静かにして！」

　忍者さんが、芝居がかった振る舞いでみんなに声をかける。そして、「トンネルの中でうるさくしてしまうと神様が怒るからね」と続けた。

　そのひと言で、お客さん全員がほっとした笑顔を見せた。

　トンネルを抜けると、海に面した広い石畳が向こうまで続いている。その上に据えられた神楽の舞台で、沈みゆく夕陽を背景に神楽が始まった。神々しい光景だった。

　畳ヶ浦の後は石見の水族館に向かい、そちらでもいくつかの神楽の公演について説

海岸へ続くトンネルを忍者さんと並んで歩く。後ろには松明を手にしたお客さんたちが続く

天然記念物にも指定されている石見畳ヶ浦で、美しい夕陽のなか荘厳な神楽が始まった

明、案内した。その間ずっと、私は巫女さんの装束に冠《かんむり》をかぶった姿。浴衣や着物ともまったくちがった着心地で、ガイドであることも忘れて夢の国に迷い込んだような気分だった。

岡山からのヒッチハイク――「鼻が高い」は「無い物ねだり」

はじめて日本に来た際、京都で過ごした後は通訳のボランティアをしに岡山のちいさな町へ向かった。田舎で寝起きしながら、通訳のお手伝いをさせてもらう貴重な体験だった。週末にはお寺で着物を着させてもらったりもした。

泊まらせてくれたホストのお宅で、〝広島へお願いします〟と書かれたヒッチハイク用の紙を見つけた。前に来たボランティアが置いていったのだろう。そうか、岡山から広島は近いんだと思い、私もこれを使って広島まで旅ができたらと思った。年配のニュージーランド人の方もいっしょに行くという。これが人生初のヒッチハイクだ。

ありがたいことに程なくして車を拾うことができ、後部座席に乗せてもらった。私と同じ年頃の娘さんを連れた家族に乗せてもらったときには、会話を楽しむまではいかないにしても、聞き取るだけなら四、五割はできたような気がしてうれしかった。

車の中で日本人から聞かれる恒例の「あるある」な質問にひとしきり答えた後、運転席のおかあさんが私のほうをちょっと振り返って、こう言った。

「顔がちっちゃいですねぇ」

一瞬、固まってしまった。

「鼻も高くてきれいですね」とさらに畳みかけてくる。

初対面の相手にそんなことを言うなんて失礼では、と思った。「鼻が高い」と「きれい」がいっしょに使われるなんて、ありえないことだ。でも……もしかして、これって褒め言葉なの？　頭をフル回転させたけれど答えは出ず、そのあとずっとモヤモヤしていた。

その後、日本で過ごす時間が増えるにつれて、何度も「顔ちっちゃいね」「鼻が高いね」と言われる経験を重ね、それが嫌味でも何でもなく私を褒めている表現なのだと知った。だから、少しずつ固まることなく「ありがとうございます」と答えられるようにはなった。

顔や鼻の形や大きさはどうしたって変えられないから、「いいえ」「まだまだです」と謙遜するのもおかしいし、むずかしいなあ。「鼻が高い」ことを褒められる日が来るなんて、夢にも思わなかった。

私が育ったイタリアをはじめとするヨーロッパでは、多くの人が憧れる鼻は「フレンチタイプ」と言われるもので、少し上向きのちいさな鼻だ。一方で、高い鼻は望ましいものではなく、目立って高ければ、いじめの原因にもなってしまう。誰かについて「鼻が高い」と言うのは、その人のことを悪く言いたいときなのだ。面と向かって「あなたの鼻は高いですね」と言ったら、かなり失礼にあたる。高い鼻であることがコンプレックスになる場合もある。

私は、母みたいに鼻が高くならないようにと、幼いころから寝るときは顔をうつ伏せにして、鼻をマットレスに押しつけていた。こうすれば鼻が少しでも低くなるんじゃないかと願って。

ヨーロッパでは鼻を低くするための商品など見たことはないけれど、日本のドン・キホーテでは鼻を高く見せるための商品がたくさん売られていて心底驚いた。「無い物ねだり」という言葉を思い出し、深く納得してしまった。

愛媛の柑橘——みかんと民間

愛媛県は、２０１９年に訪ねた香川県についで私にとって二度目の四国だった。あたたかく自然に恵まれた土地で、食いしん坊の私はさっそく旬のおいしいみかんをたっぷり食べた。

地元のちいさな青果市場「菜々《さいさい》」というところに行ったのだけれど、現地の方言で「さいさい」は「何度も、たびたび」という意味がある。それに野菜を表す「菜」の字を当てている。何度でも野菜を買いにきてくださいね、というニュアンスが込められていてすごく言葉のセンスがいい。

新しい果物の名前をここでいくつか覚えた。干し柿に甘柿、渋谷の「渋」がついた渋柿。そしてなにより豊富な柑橘《かんきつ》類。オレンジやみかん、マンダリンなどはよく知られた名称だけど、それらが具体的にどんな種に属しているか、柑橘で有名な愛媛に来るまで全然理解できていなかった。

「いっぱい冷凍してあるから食べて！　東京に送ることもできるよ」

愛媛滞在中にどれほど柑橘を食べたか、わかってもらえそうな話がある。泊まらせてもらったお宅のホストさんとの会話で、「住友は民間のグループ（財閥）だったんですよ」という話が出たとき、私は（住友ってみかんを販売する会社だったのか）と信じそうになった。それくらい頭の中がみかんだらけだったのだ。

古民家はカッコいい――渋い

「菜々」で知った渋柿で、そういえば、と思い出したことがある。

どこに住んでいるの、と聞かれて「東京の古民家に住んでいます」と答えると、よく「渋いね」と言われるのだ。渋いは、カッコいいとか、古さが逆にクールとか、そういう意味だ。

私がいま暮らしている古民家の部屋には奥行きのある床の間があり、ふつうの障子だけなく雪見障子も付いていて、きれいな畳が敷かれている。天井は板張りで、部屋の入口はドアではなく襖《ふすま》だ。庭には大きな柿の木が一本。2月には紅白の梅も花を咲かせる。それを眺めながら朝は近くのお豆腐屋さんで買った豆腐にオリーブオイルと塩、お醤油をかけて食べる――そういう話をすると、さらに「渋いね」と笑われる。

三段格子の障子が上下にスライドする形の雪見障子。下はガラス窓になっていて光が入る

語源的に「渋い」は、想像もつかない意味をもった言葉だった。旧字では「澀」と書き、川などを歩いて渡ろうとしたときに足がうまく進まない状態を示しているそうだ。

「進まない」というイメージは、たしかに私の古民家をよく表していると思う。ところどころ廊下の床がたわんでいて足を取られることがよくあるのだ。私はそれも渋くて好きだけれど。

神田神保町の天麩羅定食――「麩」と「婦」

神保町《じんぼうちょう》という名前を聞くと、私の心はすぐ「本の街」という魅力的な世界に飛んでいく。都営新宿線の神保町駅ホームの壁は、一面が本棚をモチーフとしたデザインになっていて、電車を降りると否が応にも気持ちが高まってくる。

階段をのぼり一歩足を外に踏み出せば、そこはめずらしい本やおいしい食べ物に出合える歴史ある街。大学1年で初めて日本を訪れたとき、ケンブリッジ大学の先生が神保町にある某古本屋のオーナーに挨拶しにいくよう勧めてくれた。ちいさな古書店を営む高橋先生を訪ね、崩し字の本を見せてもらったり、当時勉強していた一休さんの話を聞いたりしたのが懐かしい。

その後の東京での留学中にも、神保町にはお世話になった。最終年次に提出する卒業論文のため、各種の資料や文献を集めておく必要があったのだけれど、日本を離れる一週間前に資料が足りないことに気づいた。私は神保町の古本屋を一軒ずつ訪ね、「江戸時代の銭湯の文化について、何か作品はありませんか」と聞いてまわった。「ないですね」と言われることもあったけれど、「何かあるはずだよ、待ってて」と言ってくれるお店もあって、結果的には何冊もの参考資料を買うことができた。
ただ、飛行機に預けられないほどの重さになったので、風呂敷にめいっぱい包んで肩にかけ、手荷物として運んだ。イタリアの実家に到着して父に風呂敷包みを渡すと、「ジャガイモがいっぱい詰まったような重さじゃないか！　いったい何が入ってるんだ」と驚かれた。

思えば、古本屋にばかり行っていて、神保町で食事をしたことがなかった。

何度目かの来日の際、すずらん通りにある「はちまき」という古くから続く天麩羅のお店を知人に紹介されたので、行ってみた。江戸川乱歩や海音寺潮五郎など有名な作家も通った名店だ。ランチにしては遅い時間だったけれど、数人が店先に並んでいる。入ってみるとメニューには「天丼」と「天麩羅定食」があり、値段も手頃。どちらにするか迷う。二つのちがいをよく理解していなかった私は、とりあえず定食を頼んでみた。お味噌汁が付くか付かないか程度の差かな、と思っていたら、実際にはそれ以上だった。

「丼」のほうは、ごはんの上にタレに浸かった天ぷらがのっているけれど、私の定食が届いたとき、お盆の上には、揚げたての天ぷらとごはんが別々の皿と碗に盛られていた。小鉢に入ったつゆに大根おろしを入れてから、そこに天ぷらをつけ、ごはんといっしょに食べる。お店の人に聞いてみると、タレとつゆでは、同じ天ぷらでも風味や食感が変わるそうだ。

いまこの文章を書いているカフェの反対側に、〝天婦羅〟と書かれたお店の看板をたまたま見つけた。あれ？　「はちまき」ののれんにあった「麩」ではなく「婦」になっている。前者は「お麩」の「ふ」、後者は「夫婦」の「ふ」。どちらも、漢字の意味とは何の関係もなく使われている。当て字って自由でいいな。

雑音への感じ方——暗黙の了解

20歳のとき、東京の満員電車で友達と小声で日本語をしゃべっていたら、「シーッ」と注意された。うるさい外国人だなと思われてしまったにちがいない。

それから三年以上が経ち、訪れた大阪のカプセルホテル。ラウンジにはひと気もなく静かだったので、ここならオンラインミーティングに参加しても大丈夫かなと、まわりに迷惑をかけないよう注意深くＺＯＯＭ《ズーム》を立ち上げた。

すると5分もしないうちに、ラウンジとつながったキッチンで、ひとりの男性外国人が大声を上げて英語で話しはじめた。私はミーティング相手に迷惑をかけていないか心配し、こちらが話さないときにはマイクをミュート（消音）にした。背後でずっと大声が響きわたっていたからだ。誰か日本人の女性と話しているようだったけれど、なんだか彼ひとりが話しているように聞こえた。それほど声が大きかった。

私は自分の仕事に集中しなければならなかったのだけれど、もう無理だった。

（本当にうるさいな！）（やめてほしいよ）（いつ終わるんだろう）（もう、お願いだから……）（自分だけがうるさいって気づいてないの？）（でも、私もしゃべってるから同じように他人に迷惑をかけてるのかも）……

声に出して言いたいけど言えない、複雑な思いが頭を駆けめぐった。

日本で過ごしていると、キーボードの音やカーテンを引く音、襖《ふすま》や障子を開ける音にも気を遣うようになる。じつは、今もとあるカプセルホテルの中にいる。蜂の巣のように隣り合ったちいさな部屋の中でキーボードを叩いているのだ。迷惑にならないよう、できるだけキーをやさしく打つように心がけて。それでも、うるさいなーと思っている人はいるのかもしれない。

それぞれの音には場所のＴＰＯがあることを意識し、それを守る必要がある。これが「暗黙の了解」というものなのだろうか。法律ではないから罰せられはしないけれど、自然に守られるべきマナー。よほどでなければ直接注意を受けることもないし、禁止の貼り紙がそこらじゅうに貼ってあるわけでもない。だからこそ、余計に注意しないといけないんだな。

母の初めての日本旅行にお供する

自分が選んで暮らしている日本という国を、一度ぜひ母にも見せたかった。

彼女は現在マレーシアの大学で働いているから、イタリアに戻るのと比べたら日本はそれほど遠くない。そこで母の休みに合わせ、２０２３年の11月末から12月にかけて一週間ほど、大阪、奈良、京都、広島をはじめ別府や由布院などをふたりで回った。

秋から冬を迎えて移り変わる日本の自然の美しさ、そして伝統文化の素晴らしさをぜひ味わってもらいたい。私は気合を入れて事前にたくさんの計画を立てた。京都では茶道や着付けの体験、お豆腐の専門料理店に予約も入れて準備万端。

しかし、にぎわいを見せる京都の街を歩いていても、彼女はマイペースだ。好奇心が強く、楽しげに話す父とは対照的に、母はいつも静かで理性的。大きな声で感嘆の言葉を漏らすなんてこともない。いつも頭の中であれこれ考えを巡らせているようなタイプだ。ふたりの血を引いている私は、どっちに似ているんだろう。きっと少しずつ、両方の性格を受け継いでいるのだろうけど。

父に似ているなと自分で思うところは、頑固で強情な性格だろうか。自分の考えを

イタリアの実家にて。昼食のあと父が淹れてくれたカフェティーノ（caffettino）を飲む

常に、ときには過剰に守ろうとする。父と同じように、いろいろ議論しようとする傾向があるし、そのために大げさな表現でコミュニケーションをとることもある。できるかぎり準備をしたうえで事に当たり、目標達成のための努力や忍耐も厭《いと》わない。こうした共通点から、父とはよく衝突してしまう。

一方、母は私とちがって物静かな人だけれど、私は彼女の愛している世界観もまた共有している。子どものころから、前向きな人生観と静けさへの共鳴、健康への意識や魂のケアについて、多くを語るよりもその姿勢で伝えてくれていた。

そういう意識のある母だから、日本に来ても人の多い都会より自然豊かな田舎のほうに惹かれるようで、奈良の曽爾《そに》高原や大分の湯布院を歩いているときは、すごく楽しそうだった。

とはいえ、私が予約した旅行者向けのあれこれはどうだったんだろう。

「こんなおもしろいこと初めて！」とか「またかならずここに戻ってきたいわ」みたいな期待していたリアクションが全然ないから、肩すかしに遭ったみたいな気もする。

（いろいろ大変だったんだから、お母さん、もっと感謝してよー笑）

ある夜、別府の旅館で布団に寝転がりながら、母が親戚に電話をしていた。横でそれを聞くともなく聞いていると、15分くらいずっと、日本で見たことや印象的だったことを説明している。ああ、そういうふうに感じてたんだ。お母さんも日本を気に入ってくれたんだなあ、と私はちいさく微笑んだ。

ただ、東京に連れてこられなかったのだけは少し心残りだ。古民家の軒先に吊るしておいた干し柿はちょうど食べごろだったし（三つほど鳥に食べられていたけど）、趣ある雪見障子や鳥の鳴き声が聞こえるバルコニーも見せたかった。母が好きそうな静かな東京の姿が、ここにはあるからだ。

大阪の露天風呂で立ち尽くす母

大阪市内のコンビニで買った焼き芋をふたりで食べた後、母を連れてさっそく、近くにある温泉へ向かった。母にとってはこれが初めてとなる日本の温泉だ。ただ、サプライスにしたいと思い、温泉についていっさい説明していなかった。

日本の温泉場や銭湯は年齢や肩書から離れ、人としてあるがままでいられる場所。母のような自然志向の人はきっと気に入るはず。でも考えてみると、大人になってから母といっしょに裸になったことは一度もない。きっと「なんで下の毛をカットしてるの？」と聞かれるだろうなー。

服を脱いでタオルを手にそろそろと湯殿に入る。後ろからくる母を手招きして、鏡の前に並んで座った。備え付けの石鹸を泡だて、体を洗う。たちこめる白い湯気で、近くしかよく見えない。母はまだ、浴槽がすぐそばにあることにまったく気づいていない。体を洗い、シャワーを浴びる公共の場所なんだと思っているはずだ。

そこで、母の手を引いて外につながるドアを抜けた。そこには日本的な風情の露天風呂が広がっていた。母は驚愕の眼差しで、声もなくその場に立ち尽くしていた。

翌日、私たちは曽爾高原へ向かった。三重県との県境に当たる倶留尊山《くろそやま》のキャンプ

奈良県の曽爾高原を母と散策する。晩秋の気持ちいい自然を満喫。母も楽しそうだ

場でバンガローに泊まる予定だ。近鉄特急に揺られながら、母は昨日も口にしていた温泉の感想をあらためて私に言った。

「洗い場で剃刀《かみそり》を使う人もいたし、みんな体をちゃんと洗ってからお湯に入るのがすごかった。外には熱い風呂やちょうどいい温度の風呂がいくつもあったし、建物の中にはサウナと水風呂まであった。いちばん驚いたのは、このすごいひと時の値段がたった6ユーロ（約1000円）だったということよ」

ローマの風呂文化は世界でも有名なのに、イタリアでは公共の浴場は日本ほど多くない。トレントではテルメ（天然温泉）やスパがけっこう人気だけど、どこも高額だ。数年に一回、あるいはラッキーな人で年に一回、特別なお祝いで行くようなところになっている。

屋久島の深夜食堂でいただきます――〆うどん

小魚の形？　あるいは無限を表すサイン「∞」にしか見えない漢字がある。

「しめ」と読む独特な文字「〆」が、私の日本での生活にこれほど影響を及ぼすことになるとは、想像もしなかった。

「〆」との奇跡的な出合いは、はじめて屋久島を訪れたときのこと。『もののけの姫』の舞台にもなった屋久島には息を呑むほど美しい絶景が点在している。水のきれいな川、杉、ガジュマル、鹿、海、山もあり、自然の豊かさを挙げたらキリがない。二日間の滞在予定だったのに、すっかり気に入ってしまい二週間ほど滞在することになった。

滝を見にいったり、島の野菜で作られたカレーを食べたり。「アペルイ」というエコビッレジに泊まって持続可能な暮らしを満喫した。ある晩、広島から移住してきた友達のご夫婦や別の仲間と合流し、屋久島ならではのヤクシカ（屋久鹿）料理を味わった。会話は尽きず、ビールも飲んで、みんなでお会計を済ませお店を出た。これで宿に戻るのかと思っていたら、「〆うどんを食べて帰ろう」とご主人が提案した。

「でもテシさんは明日縄文杉を登山するし、疲れていない？　大丈夫ですか」

友達のあきこさんは気遣ってくれたけれど、せっかくだからいっしょに行きたいと伝え、五人でてくてく歩き出した。たどり着いたのは、壁にさまざまなポスターや手紙が貼られた小さなお店。

「うどんを一杯ください」ご夫婦はふたりでシェアするという。私はあきこさんとシェアしよう。もうひとりの友達は一人前をたいらげる気満々だった。

「テシさん、これが〆うどんですよ」

「しめ……？」

「食事の最後に食べるうどんのことをそう言うんです。ここは夜中にしかやっていないから、みんな〆に食べにくるんですよ」

目の前で湯気を立てているどんぶりを見ながら、〆うどんが何なのかを初めて理解した。でも、鹿肉レストランでたくさん食べてもうお腹いっぱいなのに、また食べるのかと驚いた。

うどんをすすりながら、大好きなドラマ『深夜食堂』に出てくる夜中から朝までやっている小料理屋のことを思い出した。独特なお店の雰囲気、深夜にどこからともなく現れるお客さんたちの顔、そしてそれぞれの味わい深いエピソード。まさか屋久島に来て、そんなリアル深夜食堂に出合えるとは。

〆うどんを食べるという行為は、単にお酒の後で何かを食べるというだけのことではないのだ。心地いいお店で、気のおけない友達と別れを惜しんで一日の最後の会話を楽しむ。また、ほろ酔い加減のほかのお客さんたちと仲良くなれる場でもある。〆うどんのお話はこれで〆るけれど、東京に戻ってみたら、うどん以外にもいろいろ興味深い〆文化が存在しているという話を聞いた。

しめしめ、また楽しみが増えた。おあとがよろしいようで。

札幌の〆文化にうっとり——〆パフェ

何かおいしいもので一日を締めるという日本特有の文化に、私はそれ以来すっかり沼ってしまった。

イタリアには日本ほど発達した〆文化はないけれど、「スプンチーノ・ヂ・メッザノッテー」（天辺の時間帯に食べるおつまみ）という習慣がある。夕食後に家でのんびり過ごした後、また夜中まで部屋で映画を観た後など、お腹が少しだけ空いたな、というときに冷蔵庫を開けるのだ。中をじーっと眺めて、どうやってお腹を満たそうかと考え、何かのハムやモッツァレッラなど、冷蔵庫に残っている材料で簡単なスパゲッティーを作ったり、ナッツ、シリアル、野菜、チョコレート、卵などをワインや牛乳と合わせてつまんだりする。

このスプンチーノ・ヂ・メッザノッテーをしないと寝られないと言うイタリア人は少なくない。

私の家もそうだったけれど、イタリアの家庭で「あるある」な現象はこうだ。夕飯で食べ切れなかったものを冷蔵庫にしまって、翌朝それを食べるのを楽しみにしていると、いざ朝起きて冷蔵庫を開いたとき「あれ、ない」となる。すごく楽しみにしてたのに！　といつも誰かが怒っている、といった具合。

それはスプンチーノ・ヂ・メッザノッテーが存在するせいだ。

「誰が最後のモッツァレッラを食べたの？　お父さんでしょ」

「いや、おれは何も食べなかったぞ」

と父が言うところで食い気味に、

「嘘よ！　夜中にこっそり冷蔵庫を開けた音を聞いたもん」

と妹が指摘してくれたりする。懐かしいな。

自宅でスプンチーノ・ヂ・メッザノッテーする人も多いが、ローマみたいな都会には遅い時間に開店するパン屋さんがあって、深夜0時前後に行くと焼きたてのパンとクロワッサンを食べることができたりする。「PANGOCCIOLAIO」というお店は、文字どおりチョコレートのドロップ（チップ）が入った丸いパンが有名で、夕方に開いて朝の2時すぎまで食べにいける最高の存在だ。

寝る前に糖分の高いものをよく食べるイタリア人のスプンチーノ・ヂ・メッザノッテーより、日本の「〆」のほうがいいなと思っていたちょうどそのころ、訪れた札幌で「〆パフェ」なるものに出合った。札幌ではいま〝シメパフェ〟が人気を集めているらしい。やはり夜更けすぎまで開いているという。

イタリアでいうコッパジェラート（ジェラートにビスケットやフルーツなどが添えられたもの）かな、などと想像をふくらませ、たくさんあるお店の中から、ある有名店を選んで食べにいった。もちろん夕食をすませた後だ。

私が選んだイチゴパフェは、新鮮な苺以外にもビスケットやピスタチオのジェラートが盛られ、生け花みたいに綺麗な形に整えられていた。そのさまざまな味を楽しみながら、〆パフェという言葉をあらためて想った。

「〆」はどう考えても不思議な字だ。和製漢字の妙というのだろうか。

『大漢和辞典』によれば、もともと「うらなう」という意味を表す「卜《ボク》」という漢字が変形して生まれたもの、とある。手紙の封を閉じた場所に上から書き入れる「〆」から来ているとの説もあるようだ。

また、「パフェ」の名称がフランス語の「Parfait《パルフェ》」（完璧）から生まれたというのも、このとき調べて初めて知った。

そんなわけで、完璧な状態で札幌での一日を締めるため、私は夜更けに〆パフェを堪能した。

銭湯の石榴口

江戸時代の銭湯は洗い場と湯殿が分かれていた。二つを仕切る板戸の下部に、人がくぐれる高さの出入口が開いていて、そこを「石榴口《じゃくろぐち》」と呼んだ（後に直音表記で「ざくろぐち」と言うように）。少しでも湯の熱を逃がさぬようにと造られたもので、客はこの低い石榴口を通って洗い場から湯殿に入る。この言葉は、ザクロの実の汁で鏡を磨く習慣から〈鏡鋳る〉→〈屈み入る〉と洒落をきかせたものといわれる。

『賢愚湊銭湯新話』の著者、山東京伝は同音異義語を使って庶民が喜ぶようなユーモアを演出する天才で、石榴口を「じゃくろう（邪苦労）」＋「ぐち（愚痴）」と読ませる言葉遊びも披露している。

> よくよく考えてみれば、正直な人には喜びが山ほどあるが、悪人（邪苦労）や愚かな人（愚痴）には甚大な苦しみがある。それゆえ、この入口を「邪苦労愚痴」と呼ばなければならなかったのである。（『賢愚湊銭湯新話』より筆者意訳）

たしかに、真に正直な人は幸せになれるかもしれないが、大半の悩み多き愚かな人々にとっては、苦しみから逃れるのは容易ではないだろう。

　それでもいったん裸になれば、みんないっしょ。誰もが束の間の幸せを得ることができるのだ。

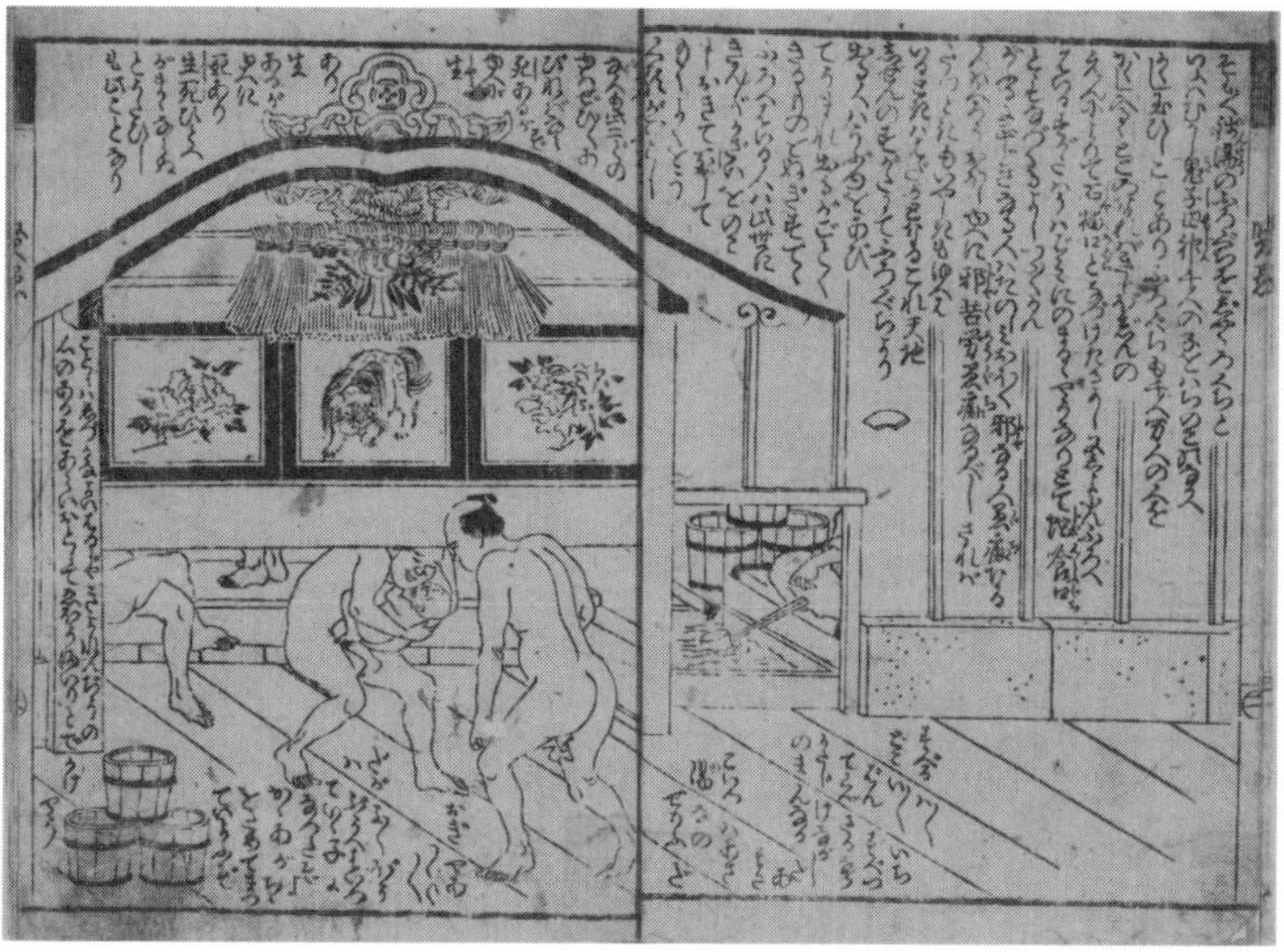

『賢愚湊銭湯新話』より。湯浴み客は左の「石榴口」をくぐって湯殿へ（東京都立図書館蔵）

参

私の日伊英道中膝栗毛

Contorno

私はトレント人――りんごを食べる頭の固い人

私はイタリア北部の小さな街トレント（Trento）で育った。ローマ帝国の時代には、トリデントーム（三本の歯）と呼ばれ、三つの山々に囲まれた谷あいに位置する。家の窓を開けると、視界に入るのは山ばかり。トレントではいわゆる日の出も日没もリアルに見たことがなくて、だから子どものころはずっと、水平線が続く海に憧れていた。よく間違えられるけれど、トレントはナポリ民謡「帰れソレントへ」で有名なイタリア南部の街ソレント（Sorrento）ではない。名前が似ているから、「聞いたことある！」と言ってくれる日本人も多いけれど、残念ながら無関係だ。

オーストリアとスイスに面しているトレンティーノ＝アルト・アディジェ州では、多くの人がドイツ語を話す。第一次世界大戦まではオーストリア＝ハンガリー帝国の一部だったのだ。ユネスコの世界遺産ドロミテや何百もの湖や城を擁するアルプスの景観だけでなく、赤ワインと白ワインの産地としても有名だ。トレント人を揶揄《やゆ》するときには、「りんごの大食らい」とか「りんご食人」などとよく言う。日本の青森と同じように寒冷なアルプス大陸性気候がりんご作りに向いているため、9月の収穫期には街にりんごがあふれかえる。種類も数えられないほど多い。同州は「熊を育てる場所」

とも言われ、1980年代にスロベニアからクマを輸入していた。また、EU（欧州連合）が資金を拠出するプロジェクトとして1994年から2004年にかけて、ふたたびスロベニアの熊を自然保護区に連れてきてこの地に根づかせてもきた。

人々は地域に深い愛着を抱いている。そのせいか、だからほとんど変化を望むことはない。この街を離れるまで気づかなかったけれど、トレントの多くの人は良くも悪くも本当に頭が固い。単純に視野が狭い人もいれば、自分の目標を達成するまで愚直にあきらめない人も多い。まあ頑固なのだ。南イタリアの人々の、陽気で屈託のないイメージとはやや異なると言っていい。

頭のことを「ズッカ（カボチャ）」と呼ぶのだけれど、私は子どものころから、そして今でも父から「おまえのカボチャは固いよ！」と言われている。

トレントが位置するトレンティーノ＝アルト・アディジェ州は、イタリア二〇州のうち五つある特別自治州の一つだ。ムッソリーニが政権にあった第二次世界大戦下、ドイツ語とは無縁な地域から労働者がこの地に大勢入植させられた（公用語はイタリア語のみ）。戦後、ファシズムが生み出した対立を解決するためドイツ語を話す人々の権利が保障され、特別自治州となった。

行政面でも独立性の高い施策などがとられていて、ゴミの分別も教育も交通機関もしっかりしている。ゴミ分別についてはもしかすると日本より厳しいかもしれない。ゴミ捨て場には鍵が付いていて、分別せず捨てると罰金ということも。人々の生活も規則正しいほうだと思う。正午の鐘が鳴るころにお昼ごはんを食べて、夕飯は7時ごろに食べるのも、なんとなく決まっている。

中学生のころ、授業が12時50分に終わると、私は週に数回おばあちゃんの家に行ってはおいしいお昼を食べていた（午後の授業は週に一度だけ）。彼女が作るハート形に切ったトマトのサラダとミラネーゼ（ミラノ風牛カツ）は絶品だった。私のうちではお肉を食べるのは禁止だったけれど、親戚やおばあちゃんやおじいちゃんの家では食べられた。一時期コーラにハマって大の肉好きでもあった兄、妹、そして私の三人は、揃ってよくおばさんの家へも遊びにいった。彼女も私たちにとてもよくしてくれて、何でも食べさせてくれたものだ。

当時は、食肉動物に投与されるホルモン剤などの実態も知らなくて、給食に出る肉まで「食べてはいけない」と両親から言われたときは、やっぱり食べたかったし、理解できなかった。でも大人になり事情がつかめるようになると、気遣ってくれた親の考えも理解できた。と同時に、当時学校でお肉たっぷりのラザーニャをこっそり食べさせてくれた先生のことも懐かしく思い出す。

生まれも住む国もバラバラ――三人兄妹

兄と妹がいる私の場合、日本では「三人兄妹《きょうだい》です」と言う。でも、英語だと「I have two siblings」だし、イタリア語だと「Ho due fratelli」となる。どちらも「ふたりきょうだいがいます」という意味で、日本語とのちがいが興味深い。

三人兄妹の私は、だから五人家族。

考えてみたら、うちはいろんな意味でちょっと不思議な一家かもしれない。

まず五人のうちトレント生まれなのはふたり（父ピエーロと妹）だけ。兄は父がイタリア語の教師として働いていた南米コロンビアの首都ボゴタで生まれた。アルーナ（Aluna）という名前は、コロンビアの先住民（コギ族）にとって、記憶や想い、また宇宙が生まれる前の世界を指す言葉で、そこから取ったという。１９９０年代初期はパブロ・エスコバル（巨大麻薬組織を牛耳ったコロンビアの「コカインの帝王」）の時代で、１９９４年には家の近くで自動車爆弾が爆発して、多くの死者が出たという。１歳にもならない兄と暮らしていた両親は、子どもを育てる場所としては危険だと考え、オーストラリアに引っ越した。そして１９９７年、キャンベラで私が生まれた。母タマラはシチリアの人で、島北東部のメッシーナ生まれ。妹の名前はアジア（Asia）というのだけど、それは家族でアジア各地を旅して回っていた直後に生まれたからだ。

私はテッサ（Tessa）という英語っぽい名前だし、イタリアのパスポートには「キャンベラ生まれ」と書いてあるので、母国でも外国人だと思われることが多い。意味は昔調べたことがあるけれど、なぜそう名づけてくれたのかを聞こうと、あらためて父に電話してみた。すると、「お母さんの好きな名前だったからだよ」と言う。「アルーナの名前は宇宙から来ているし、アジアは広大な地球の一部なのに、私のだけわからないの？」と食い下がると、「お母さんに聞いてみなさい」と言うばかり。そこで母に電話した。

「なぜテッサが良かったの？」

「テッサは、私が気に入っている『ティラシア（Thirasia）』の短縮形で、エーゲ海に浮かぶギリシアのティラシア島のことよ。語源的には『狩人』や『採集者』という意味もある。でも、トーマス・ハーディの『ダーバヴィル家のテス』（Tess of the d'Urbervilles）という小説が好きだったのが大きいね。ヒロインのテスは純粋な女性で、浮き沈みのある人生を送ったけれど、困難なときこそ彼女はすごく勇敢だった。でも名前としては、〝テス〟より〝テッサ〟のほうが好みでね。テッサのほうがイタリア語っぽいからっていうわけじゃなくて、最後の母音に音楽性があっていいなと思ったのよ」

　また、わが家ではずっとお肉と宗教は禁止、短期旅行もＮＧ（行くなら長期のみ）だった。ただし親に頼らず自分の力でやるのなら、あらゆることは禁止でなくなる。ふつうの人にはちょっと想像しにくいような環境で育った。まわりの同級生が羨ましがるくらい、幼いころから家族でいろんな国へ旅をしたけれど、それができたのは、ふだんのお金の使い方が他の家とはちがっていたせいだ。

　学校で行く高額な旅行には、あまり行かせてもらえなかった。そのかわり、より長期間のワイルドでローカルな旅に連れていってくれた。ただし、服も自転車もみんな兄のお下がりだ。イタリアの学校は基本的に制服がないからみんな私服なのだけれど、私は同級生たちみたいな素敵な服は着ていけなかった。

家族五人でよく旅をしていたころの一枚。母、兄、私、そして妹。撮影しているのは父だ

　でも、若いうちから貴重な旅をたくさん味わわせてもらえたことには感謝している。

　うちの家族が今どこに暮らしているかというと、母がマレーシア、父がイタリア、妹が世界のあちころ（旅行中）、兄はスイスとイギリス、そして私が日本と、ほんとにバラバラ。

それでも、たまに兄妹三人で世界のどこかに集合しては、兄の焼いたピザを食べることにしている。兄は料理が得意で、パン、フォカッチャ、ピザなどを毎日のように作っている。外国にでかけるときは、かならず酵母を荷物に入れていくほどだ。ギターをやりたいと思えばいちばん質のいいギターを買い、コーヒーを淹れようと思えば、新鮮で良い豆が毎週届くように手配するようなタイプ。最近では、普通のボトル売りの水も信用できないとかで、購入した特別な浄水器を使ってコーヒーを淹れているそうだ。

兄妹と食べる日本食——カツカレー

そんな兄はスコットランドの大学（数学科）を出たあと、インペリアル・カレッジ・ロンドン大学の博士課程に進んだ。すると、ケンブリッジ大学に入った私を訪ね、たまに遊びにきてくれるようになった。ロンドンから電車で53分というのは、まあ身近な距離だろう。でも、じつは私に会いにくるというより、ケンブリッジの学生だった彼女さんに会うために来ていたようだ。

一度、ケンブリッジの中心地にある日本のカレー屋に兄を連れていき、２０００円くらいするカツカレーをいっしょに食べてユーチューブの動画を撮った。兄は、カレー

日本にやってきたふたりと春の富士山をバックに。「富士」と「桜」のセットは最強

に乗ったとんかつがすごくパサついていると言って、ガッカリしていた。それまで、悪くない味だと思っていた私もこのときの兄の影響を受けて、それ以来もう食べていない。

　その後、兄と妹が日本に初めてやってきたとき、三人で本物の日本食を食べることができたのは最高の思い出だ。でも子どものころは、妹とも兄ともよく喧嘩していた。我が道をぐんぐん進んでいく私は、どこかふたりからやっかまれていた節もある。兄が中学を卒業するまで三人で同じ部屋に暮らしていたから、ぶつかるのも仕方のないことだった。三人ともこだわりが強い性格で頑固だから。けれど、大人になってからはすごく仲がいい。

小学校での洗礼——ドイツ語と「マンドルレーゼ」

通っていた小学校までは、家から歩いて10分くらいだった。

入学した最初の一週間だけ兄といっしょに通ったけれど、そのあとはひとりで歩いたり、自転車で通ったり。母は朝早くから仕事に出ていたから、子どもたちが学校に行くときは父がいろいろとチェックする。ちゃんと歯磨きをしたかを確かめるため、「口を開けて！」と言われ、歯磨き粉の匂いが伝わるように毎朝父に向って息を吐いていた。

学校の授業はどれも楽しかったけれど、いちばん好きだったのはドイツ語だ。私にとって初めて学ぶ外国語だった。小学校1年生からドイツ語の授業があった。先生はオーストリア出身なのでイタリア語はあまり話せないけれど、ドイツ語はネイティブだった。厳しくて怖かったけれど、勉強自体はおもしろくて、ドイツ語の授業は楽しみだった。

午前の授業が終わると、校内の食堂に行って給食を食べる。料理は校内の厨房で作られていて、生徒も先生もみんな同じものを食べていた。食べるには〝ブオーノ〟という券を渡す必要があり、先生がそれを回収していく。当時の一食代は、両親の収入によって異なったけれど、だいたい５００円くらい。サラダとパスタかリゾットからラザーニャなどの一皿、そして二皿目はパンとハムかチーズ。最後のひと口まで完食しないと食堂から出させてもらえなかった。

また、ランチタイムの食堂では人をいじめたり、人種差別的な発言をしたりする生徒もいた。たとえば、中国からきたイタリア語を話せない子を指さして「マンドルレーゼ」（アーモンドのような形の目）と言ったり、黒人の女の子が座ろうとしたときに椅子を引いて尻餅をつかせたり。そんな光景を何度か目にしながら何もできない私もまた、共犯者だった。当時はいじめや人種差別についての教育もなされず、幼い子どもたちが見た目のちがう仲間を無遠慮に傷つけていた。いまもまだ、そうした教育はイタリアでも十分とはいえないのかもしれない。

ケンブリッジ大のカレッジ制度

ケンブリッジ、その名を聞くだけで今でも心がざわつく。

ロンドンから電車で1時間ほど北へ行った静かな街。そこを縫うケム川の穏やかな流れ。この街の中心にあるケンブリッジ大学は１２０９年に創設され、オックスフォード大学と並びよく知られている。私の人生に大きな恩恵をあたえてくれた場所だ。卒業式のとき、私が暮らしていた寮エマニュエルカレッジのマスターは、

「ケンブリッジ大学を卒業してエマニュエルカレッジを離れても、この街はずっとあなたたちの心の一部でありつづけます。どれほど歳をとっても、ケンブリッジはみなさんの中に存在しています。この街で過ごしたこと、感じたこと、出会った人、いずれも忘れることはないはずです」

ケンブリッジ大学アジア・中東学部日本学科で学んだ四年間は、彼女が言うとおり、（大変な日もあったけれど）本当に得るものばかりの夢のような時間だった。

ケンブリッジには伝統的なカレッジ制度があり、学生が自己紹介するときは、自身が所属するカレッジの名前をかならず名乗る。私の場合、「ケンブリッジ大学エマニュエルカレッジのテシです」となる。計三十一のカレッジがあり、それぞれが独自の歴史とアイデンティティを大切にしている。中世の修道院のありようを受け継ぎ、寮のなかで自己完結的に教員と学生の生活が営まれている。

カレッジにまつわる興味深い伝統をいくつか紹介してみよう。

一、特別な日には、寮の豪華な食堂でフォーマルディナーが開かれる。その際には

かならず「ガウン」を着用する。『ハリー・ポッター』に出てくるような丈の長いマントで、両襟の模様が寮ごとに異なる。その柄を見れば、どの寮の所属かひと目で判断できる。

二、教授（フェロー）や先生（チューター）も学生と同じ寮に住んでいる場合が多く、週に一度くらい先生の部屋を訪ねて、お茶やお菓子を囲みながら個人指導を受ける。私が信頼していた先生の部屋は1年生と2年生が多く住む階上にあった。ある学生が夜遅くにスピーカーで音楽を流していたら、翌朝その人の部屋のドアに〝静かにしてください！〟と大きな字で書かれた紙が貼られていたことも。

三、教授もカレッジ独自のガウン（学生のものとは異なる仕立て）を所持していて、年末試験の監督時にはかならず着用する。試験会場で緊張しながら、威厳あるガウン姿の教授を見るのを楽しみにしている学生も多い。

四、各カレッジにはそれぞれの図書館や教会、食堂があるが、そのカレッジに所属している学生とその同伴者しか、基本的には自由に入ることはできない（一般人でも無料で入れる場所が一部にあったり、入場料を払えば入れるカレッジもある)。そのため、入ってみたいカレッジの学生と友達になろうと躍起になる人もいる。コーパスクリスティカレッジは建築としての見た目が美しく、『ハリー・ポッター』風な雰囲気が評判だ。セントジョンズカレッジは図書館がとても美しい。私も日本学科の友達を訪ねて入ったことがある。

五、底の平らなロングボートでケム川を下るパンティング(punting)という舟遊びができる。船尾に立った船頭が川に長い棹《さお》を差しながら進んでいく。一部のカレッジは独自のボート(punt)をもっていて、それに乗って学部の近くまで行くことも。

日本学科に入りたい！

高校4年生のとき、イギリスに留学していた私のもとに母から突然届いた一通のメール。それが私の人生を変えた。ケンブリッジ大学で開催される〝アジアオープンデー〟を案内するサイトのリンクが、そこには付いていた。

なにこれ⁉　私の心臓はドキドキと高鳴り、未知なる世界への扉がここにあるのでは――そんな感覚に包まれた。

ちなみにイタリアの学校制度は日本とちがって、こんふうになっている。小学校は5学年（6歳～10歳）、中学校は3学年（11歳～13歳）、高校は5学年（14歳～18歳）。

当時私はイギリス海峡に面した町ハイクリフで、大学進学を目的とした英国独自の二年制高校（Sixth Form College）に留学中だった。EUの奨学金でホストファミリーの家でお世話になっていた。高校の最終年次はイタリアの高校に戻る。

アジア・中東学部が主催するアジアオープンデーでは、日本語と中国語のレッスンを体験できると書いてあった。まさに私が求めていたイベントだ。

当日、会場となる建物の前に、全身黒ずくめの先生がひとり立っていた。

「あのー、日本語と中国語に興味があるんですが」

「はい！　ここですよ！　どうぞお入りください」

力強く、熱のこもった言葉に迎えられ、期待が高まる。

さっそく学部に在籍する大学生たちと話をしたりした後、日本語と中国語の体験レッスンを受けた。中国語の体験レッスンについてはまったく記憶がないくらい耳に残らなかった一方で、日本語では挨拶の仕方を丁寧に教えてもらって、さっそく覚えた。

やっぱり日本語がいい！

その足で、ひとりの先生が所属しているという学生寮エマニュエルカレッジに行き、落語が堪能なアメリカ人教授の噺《はなし》を生で聴いた。独特な衣装や様式の芸術性、庶民的な皮肉やユーモアのおもしろさに興奮した。寮のなかをあちこち歩きまわって、見れば見るほど気に入った私は、日本学科エマニュエルカレッジ付きに申し込むことを決断した。アメリカ・ハーヴァード大学の創設者ジョン・ハーヴァードがエマニュエルカレッジの卒業生だとも聞いて、歴史の重みを感じた。

ケンブリッジ大学は他のイギリスやヨーロッパなどの大学と申し込む時期がちがい、入学の一年前までに入学申込書を送らなければならない。ここで何をアピールできるかが重要だ。どう書けば印象づけることができるだろう。日本文化に関する本を読み漁り、日本人と自然の深さの関係を古典文学にあたって調べたり、自分はなぜ日本学科に入りたいのかをあらためて考え、メモを取ってはパソコンで書き出していった。

そして、ついに提出した入学申込書。その冒頭に引用したのは、芭蕉の俳句「鐘《かね》消えて花の香《か》は撞《つ》く夕べ哉《かな》」だった。鐘の音は消えても、花の芳しい香りの余韻は夕暮れになっても残っているなあ、という意味だ。

面接が終わった後、公衆電話からイタリアにいる母に短い電話をかけた。

「決まりがあって面接の内容は話せないけど、たぶん大丈夫だったと思う。まだ何もわからないけどね」

合格のしらせ

それからしばらくして、ケンブリッジ大学から一報が届いた。そこには「無条件」での合格と記されていた。通常の合格は、高校を卒業してさまざまな条件を正式に満たしたあとで確定するのだが、私の場合はもう「確定」だった。なぜかというと、イタリアの高校を卒業するのを待たずに、受けるべき試験を前年イギリスの高校ですべて受け、その卒業資格を得ていたからだ。

ケンブリッジ大学の日本学科への入学、まさに夢のようだった。合格のしらせは手紙を受け取る前に届いたメールで読んだ。そのとき私は、スペイン語の授業でおこなう発表の準備を友達としていた。「内定が出た！」と思わず大きな声を出してしまったけれど、高鳴る鼓動を抑えてその後もふたりで作業を続けた。

家に帰ると、メールを開いて「無条件」という言葉をもう一度確認し、その場で何度も飛び上がった。高校の先生にメールで報告すると、翌日、授業が終わったあとで「おめでとう。あなたを誇りに思います」と祝福してくれた。

裕福な家庭の子たちや私学のエリートコースを歩んできた学生が多いケンブリッジ大学に、パブリックスクール（国立の高校）から入学するのは価値があることだし、光栄

寮の私の部屋でメルセデスと。『浮世物語』を訳す宿題をしながらふたりで大福を食べる

に思えた。

　現在では国立高を卒業してきた学生も増えたけれど、当時は私学出身の入学生が圧倒的に多くて、入学してみたら実際、経済力もプライドも高い学生が多い印象だった。

　でも、同級生のなかには、スコットランドの田舎でシングルマザーに育てられ、公営図書館でこつこつ勉強を続け、自力でケンブリッジ大学に入った人もいた。彼女こそ、ケンブリッジの四年間で私がいちばん誇りに思っていた人物で、メルセデス・マクドナルド・マッケンブリッジという。いまでも私のインスピレーションを刺激してくれる存在だ。

大好きだった日本語の先生――「くじでーす」

日本語の授業は、いつもだいたい十人くらいが出席する。この場では、誰もが自由に話すことができた。

「ここは安全なスペースです。セーフティゾーンですから、間違えても大丈夫」先生の言葉に励まされ、私たちは自分の思いを日本語で伝えようと頑張った。日本に生まれ育った40代の韓国女性で、授業ではいつも日本語だけを使っていたし、私たちもできるだけそうした。まず、教室に入るときには「失礼します、と言いましょう」と最初の授業で教わった。その日から、「失礼します」はさっそく私たちの新しい習慣となった。その後、謙譲語「いたす」を学んでからは、「失礼します」は「失礼いたします」にランクアップした。

授業の冒頭、先生は決まって「いま何時ですか」と私たちに尋ねる。先生の授業は午前9時からだった。数分前後することはあったけれど、私たちは教室の壁時計を見て、いつも「くじでーす」と声を合わせる。

あとになって、先生の最後の授業だった日の日記を見てみると、私はこう書いていた。〝私はもうこの先生に教えていただけないのが寂しいです。本当に素晴らしい先生です〟

私たち1年生にとっては、自分たちを夢の実現に導いてくれるような存在だった。先生を二つの言葉で表すとしたら「丁寧」で「おしゃれ」。角度を変えて一つのことをじっくり教えてくれるので理解しやすかったし、言い間違えても気にならない雰囲気を作ってくれていた。最後の授業で、私たちはハート型のノートにそれぞれメッセージを書いてプレゼントした。先生は涙を流して喜んでくれた。

私の日記には、はじめて日本に行く前に先生が書いてくれた、おすすめメモへの感謝もまた綴られていた。

「こんど日本に行くのですが、どこか行くといい場所はありますか」と尋ねると、先生は「おすすめはたくさんありますよ！　たとえば東京なら……」と言って、表参道や青山、根津、吉祥寺などの地名を書いてくれたのだ。また、根津の中華料理店「オトメ」の餃子をはじめ、いろんな居酒屋の名前や、冬に売られるコンビニの肉まんやあんまん、回転寿司や上野・アメ横での食べ歩きについてなど、食の情報も詳しく書きつけてくれてすごく助かった。

思い出のメニューと食堂――ジャケットポテト

日本学科の建物の共有スペース、通称「コモンルーム」の丸いテーブルで、紙箱に入ったジャケットポテトを友達とおしゃべりしながら頬張る。それがケンブリッジ時代のささやかな贅沢だった。ほっこりとした食感、バターに黒胡椒の香ばしさが乗った風味――まさに至福の時間だ。

ランチはエマニュエルカレッジ内の食堂ではなく、たいてい学部校舎の近くで食べていた。毎日講義を受ける学部はシドウィックサイトというエリアにあって、私たち日本学科の学生は、付近で唯一のカフェに足を運んではテイクアウトしたものだ。そのカフェで一番人気だったのがジャケットポテト。

日本のものよりずっと大きなじゃがいもを丸ごとオーブンでじっくり焼き、ナイフで十字の切れ目を入れる。ぱっくり空いたスペースに、バター、ゆで豆、カッテージチーズなどを詰め、黒胡椒をきかせて食べるイギリスの伝統的な料理だ。

「ジャケット」の由来は、切れ目の縁からめくれ上がった皮が、じゃがいもがジャケットを着ているように見えることから来ている。

ジャケットポテトは、温かい食べ物の中では比較的値段も安い（シンプルなものなら数ポンド）。私たち学生にとっては重宝する軽食だった。

まわりの学生たちはこれを食べながら、議論をたたかわせたり、政治や学問について語り合っていた。入学して間もなかったころは、そのようすを見て、これぞケンブリッジ大学だなあと感じた。たまには世間話を楽しんだっていいのに、と思うくらいに。そんなとき、私は目の前のジャケットポテトに集中し、最後のひと口を飲み込むまでそのおいしさに浸った。朝から夜遅くまで毎日の勉強がたいへんだったこともあって、食事だけがすべてを忘れてリラックスできる時間だったのだ。

　カレッジの食堂では、専属の料理人が三食を作ってくれる。料理の質はカレッジによって異なるけれど、たいていは家庭料理のようなものが提供される。エマニュエルカレッジにはイタリア人の料理人がいて、おいしいイタリアンを作ってくれた。メニューは毎日少しずつ変わるので、その日の気分に合わせて選べる。日替わりのメイン料理は二種類あって、一つはかならずベジタリアン仕様になっていた。

　ある日の朝食とお昼・夕食（兼用）はこんな感じだ。

朝食

ハッシュブラウン（ハッシュドポテト）、裏ごし豆、焼きトマト、スクランブルエッグ、

ソーセージ、代替肉ソーセージ、シリアル、ヨーグルト、オーツ麦のポリッジ（オートミール）

昼食・夕食

パスタ、タコス、焼き魚、ラザーニャ、カンネローニ（ラザーニャの生地で具材を巻き焼いたもの）、ご飯、インドカレー

【サラダバー】レタス、トマト、クスクスの冷製、ポテトサラダ、ゆで卵、キュウリ、ビーツ&フェタチーズ、ビーツ&豆類

【デザート】コーヒー、ウォールナッツケーキのカスタード添え、スティッキー・トフィー・プディング

天井が高く広々とした食堂は、中世のたたずまいを今に留める場所だ。学生、フェロー、チューター他、スタッフが集まるカレッジ・コミュニティの心臓部といえる。月曜日から土曜日までは朝食、昼食・夕食を、日曜日はブランチと夕食を楽しむことができる。大学カードを使えばすべての注文は自動的に決済され、財布をもつ必要はない。

カレッジで食べる食事は、単なる食事以上のもの。コミュニティとのつながりを深

め、新たな友人を見つけ、知識を共有するための貴重な場となっているのだ。

形容詞の過去形!?――「おいしいでした」ではなく

大学に入って数カ月、私の二十歳《はたち》の誕生日1月29日に、香港出身の同級生が日本製の日記帳をプレゼントしてくれた。まだ見ぬ日本に憧れていた私にとって、それはとてもうれしい心温まる贈り物だった。以来、大学で学んだことを復習するため、毎日日本語で日記を書いた。最初のころはこんな感じだった。

日本人友達はるかさん私のカレッジにきてくれて、そのことに手伝ってくれた。1時間早く終わった。そしたら(私の世界一ことはだ)私かほさんの家に歩いてそこでおいしかった食べました。かほさんは先週の週末はイタリアで過ごしたからたくさん食べ物を買って、わたしたちにとって料理を作ってくれました。トルテロニーを食べ過ぎました。本当に美味しかったけれども食べちゃった。かほさんの友達はやさしくて面白かったんでした。(原文ママ)

そうして日本語の学習が続きしばらくしたころ、私はあらたな扉を開くことになった。それは「形容詞」の世界だった。「～くて」を使って文章を続ける方法、「～な」を使って名詞につなげる方法などなど。

しかし、それだけじゃない。他の言語にはない日本語独特の特徴を発見した。

過去の話をする際、形容詞（形容動詞）の連用形に助動詞「た・だ」を付けることで、形容詞自体が過去を表す意味になるのだ。主語や述語（動詞）がなくても文章が成り立つのも日本語の興味深いところだけど、これもすごくない？　と思った。形容詞それ自体は常に現在形だ。ただし、活用（変化）しながら助動詞や助詞とくっつくことで、過去や未来の意味に変わる。

私が知っているラテン系言語（イタリア語、スペイン語、ポルトガル語）ともゲルマン系言語（英語、ドイツ語）ともまったく異なるシステムで、この気づきのおかげで日本語を学ぶのがますます楽しくなった。知らない世界に飛び込んで、手探りしながら道を見つけていく――これって冒険じゃん、とわくわくした。それはまるで新しい器械体操の動きを覚えるような感覚で、私はつまずきながらも前に進んでいった。

では、ためしに「おいしかったです」という過去表現を国ごとに見てみよう。形容詞は変化せず、動詞が過去形（太字部分）に変わっているのがわかるはずだ。

英語　It **was** tasty.（イト・ワズ・テイスティ）
イタリア語　**Era** buono.（エラ・ブォノ）
ドイツ語　Es **war** lecker.（エス・ヴァー・レッカー）
スペイン語　**Estaba** rico.（エスタバ・リコ）
ポルトガル語　**Estava** bom.（エスターヴァ・ボン）

一方で、日本語では過去を表すとき形容詞が変化する。「おいしいでした」ではなく、「おいしかったです」となるのだ。これには本当に驚いた。

形容詞自体が過去形になることで、その感情や体験がより強烈に、鮮やかに伝わってくる。まるで色彩豊かな絵画のように。日本の繊細な美意識は、こうした言語のしくみからも来ているのだろうか。

当時の日記を読むと、形容詞を過去形にする文法にハマっていろいろ試してみる一方、それに引きずられて文末の助動詞まで過去形に変えまくっていた。「おいしかったでした」「おもしろかったではありませんでした」とか（ヤバい笑）。

日本語でつけはじめた日記

大学で本格的に日本語を勉強しはじめた私は、まだまだ全然理解が浅い状態なのに、20歳の誕生日から、ぶっつけ本番で日本語の日記をつけることを決めた。そして、こんどの春、生まれて初めて日本へ行く！　エアチケットの予約も無事に済ませた。それまでに、日本語をもっと使いこなせるようになりたかった。２０１７年、大学1年生の冬。日記帳の最初のページ冒頭にはこう書いた。

とても忙しい日。ケンブリッジは毎日忙しいですね。時間がないので、遅くなりましたが、これは私の新しい日記です。日本語だけで書くつもりです。

いま見ると、当時は「ケンブリッジ」とカタカナで書くのがむずかしかったようで、「ッ」と「ジ」の字がかなりぎこちない。また、丁寧語と口語的な語りかけの言い回しのちがいもまだ理解できていなかった。

あるとき、大学で初めてできた日本人の友達のはるかから、思わぬ日本語のメッセージカードをもらった。私はうれしさのあまり、（そうだ、この手紙をそのまま日記に書き写そう！）とペンをとった。

はるかの日本語の文章は、まだ全部はちゃんと理解できなかった。だから、それを書き写すことで少しでも自分の学びにしたかった。知らない言葉に触れるたびにそれを書いてみるのは、言語を学ぶ旅のようなものだ。自分の書いた言葉を読み返すことで、自然と理解も深まっていく。

この日記帳には、はじめて訪れた日本での忘れられない思い出や、大学3年の日本留学中に撮ったプリクラ、その他たくさんの出来事や想いが詰まっている。ケンブリッジ大学の寮の部屋でひっそりと綴りはじめたこの日記は、文字どおり日本と日本語をめぐる私の旅の始まりだった。

「食べちゃった」と「縁起が良い」

ある日、晶子《あきこ》さんと久しぶりにケンブリッジのカフェで会った。彼女は日本から戻ってきたばかりで、さっそく新しい日本語の表現を私にたくさん教えてくれた。

日本語を勉強するのに大学の教科書にばかり頼ってたら気が滅入ってくるんじゃないかと思った私は、入学してすぐに言語交換のパートナーを探してみた。「language exchange」と検索して出てくるウェブサイトを使えば、英語やスペイン語を教えるかわりに日本語を練習させてくれる相手を探せる。ケンブリッジには夫婦、学生、社会人など、さまざまな日本人が住んでいて、すぐに語学パートナーが数人見つかった。言語交換のかたわらお茶や食事をともにしたり、散歩に出たりするうちに友達になっていった。

なかでも、気が合ったのが晶子さんだ。今あらためて漢字で晶子の「晶」の字を見ると、銭湯の洗い場に木桶が三つ重ねられている江戸時代の絵を思い出す（204ページのコラム参照）。

彼女とはチェーン店のカフェ「ビールズ」でよく会い、スコーンとお茶を楽しみながら会話を交わした。晶子さんから教えてもらった印象深い言葉は「食べちゃった」。でも、その言葉をそのまま授業で使ってみたら、「食べました」と訂正され、「食べちゃった」はダメなのかと尋ねたら、ダメですと言われた。

半年くらいしたころには、「食べちゃった」は「食べました」あるいは「食べてしまいました」や「食べてしまった」から派生した表現なんだと、理解できたけれど。

「縁起が良い」も彼女から教わった言葉で、これはかなり気に入った。

日本とイタリアでは、縁起が良いとされることや縁起が悪いとされることがだいぶちがう。「四《し》」は日本では縁起の悪い数字だと知ってはいたけれど、本当に実感したのは、その後一年間留学した東京でのこと。結婚式をコーディネートする会社のアルバイトをしていたのだけれど、結婚式に出席する招待客は祝儀袋に3万円を入れるのが一般的で、より金額を増やす場合4万円は避け、5万円にするのだという。封筒の色や、どの折り返し面を上にして閉じるかによって、お祝いなのかお悔みなのかが変わる。

イタリア人も、縁起が悪いことに注意を払う人は多い。私がとくに気をつけている「縁起が悪い」はこうしたものだ。

- 家の中や屋内で傘をさす
- オリーブオイルのボトルが割れる。7年間不運が続くと言われている
- 鏡が割れる。5年間不運が続くと言われている
- 17日の金曜日（イギリスでは13日の金曜日が縁起が悪い）には大事なことをしないようにする。この日の航空券は普段よりも安いことが多い

一方、「縁起が良い」のはウンチに関することが多い。日本でも「運《うん》が付く」という意味に引き寄せて「良い兆し」だと言われ、そんなところが似ているのはおもしろいなあと思う。

- 鳩のウンチが頭などに落ちる
- 足でウンチを踏む

6歳のとき家族でインドを旅行していた際、混雑した首都デリーの夜道で、牛の大きなウンチを踏んでしまったことがある。あのときの感触、その後の絶望感は一生忘れられないだろう。それはまだ新鮮で柔らかかったから、靴底だけでなく足全体がウンチまみれになってしまった。足を抜くのもひと苦労だった。もう歩けなくなった私は、父に抱えられて運ばれた。ショックでずっと泣き叫んでいる私に、父は歩きながらこう言った。

「これは縁起がいいことだよ！」

（なに言ってんの、他《ひ》人《と》事《ごと》だと思って！）

私はさらに声をあげて泣いた。

文部科学省の奨学金に挑む――「リッゾーリさん」

私が専攻した日本学科での日々は、文字どおり壮大な冒険旅行でもあった。

なぜなら、学部での四年間のうち一年間は日本に留学することが必須だったからだ。留学先は限られるけれど、選択肢はけっしてゼロではなかった。当時ケンブリッジ大学の主要なパートナー大学は京都にある同志社大学だった。大学の性格が似ているとかの理由ではなく、金銭的な面でパートナーシップを結びやすかったからだろう。今はちがうかもしれないけれど、当時は同志社大学に留学すると学生寮に入るのが条件になっていて、そこで良くない経験をした人もいた。

それとは別に、カレッジごとにさまざまな日本の大学と個別に関係を結んでいたため、その中から選ぶこともできる。私のいたエマニュエルカレッジは立教大学とパートナーシップを結んでいた。学生は、学費と寮費を払うことなく立教大学へ留学できる。慶應大学や一橋大学とパートナーシップをもつカレッジもあったようだ。でも同志社大学と同じく、さすがに生活費までは出ない。

決めかねていたあるとき、生活費も支給される素晴らしい奨学金があると先生が教えてくれた。日本の文部科学省によるもので、毎年世界じゅうの学生に日本の大学で学ぶための奨学金を提供しているという。これだ！　このチャンスは絶対逃したくない。

最初の書類審査を通過し、いよいよローマの日本大使館での日本語の試験当日。全国から集まったイタリア人の学生たちの会話が、いくつか漏れ聞こえてきた。

「推薦書を書いてくれる先生が見つからなくて、私のことを全然知らない他学科の先生に書いてもらったよ」

「うちの大学の講義室は席が少なくて。時間前に来ないと床に座るしかないわ」

「この奨学金がもらえなければ、もう他に選択肢はないの」

「留学は必修じゃないから単位も取れないし、これがダメなら一年間のギャップイヤーを取るしかないな」

それを聞いて、自分は恵まれているんだなと実感した。ケンブリッジでは、カレッジの先生に相談して申込書の文章を推敲したり、ときには面接の練習相手もお願いできた。学生より先生の数のほうが多いくらいの環境だからこそ、可能なことだ。教室内は適温に保たれ、誰もが余裕をもって好きな椅子に座れる。

筆記試験にはわからない日本語もあったけれど、この日のために日本語能力試験一級（N1）の文法まで勉強してきたんだと、最後の問いまで頑張った。選択肢問題も多くて（わからなくてもとにかく答えを選ぶのよ！）と自分に言い聞かせながら。

試験会場を出ると、他の受験生たちは「セクション1までしか解けなかった」「セクション2であきらめたよ」「これはちょっとヤバいわ」などと言い合っている。私も自信はなかったけれど、とりあえず最後のページまでやり抜いた。あとは祈るばかりだ。次の口頭試験は、筆記試験に合格した人だけが受けられる。日本語を話すのはもともと好きだったから、筆記試験より口頭試験のほうが自信はあった。

マルコという試験監督が、筆記試験に合格した人の名前を読みあげはじめた。

「リッゾーリさん」

いま呼ばれた？　やった！　涙が出そう。

私を含め六名ほどが口頭試験に進み、試験官との日本語のやりとりでは、もてるすべてを出し切ったと思う。

帰り道、心からの感謝の気持ちが湧きあがってきた。何度も勉強に付き合ってくれた先生、毎朝ＺＯＯＭで会話の練習相手になってくれた日本の方に、「ありがとうございます」と言いたかった。そして数カ月ほど経ったある日、文部科学省から合格の連絡が届いた。

母のリアクションはなぜ薄いか

「上には上がいることを忘れないように」

ケンブリッジ大学の受験面接が終わったあと、そんな母の言葉が頭に残っていた。

5歳で器械体操を始めた私は、よく週末に国内の試合に出場した。先生からは筋が良いと言われ、大会で入賞することも何度かあったけれど、そんなときも「それはよかったね。でも上には上がいることを忘れちゃだめよ」。

もし何かで自分がトップに立ったとしても、実際には自分より優秀な人はかならずいるし、試合に出ていない人でも才能にあふれた人はきっといる。だから謙虚であるべきだってこと。おかげで、日本的なものの考え方を幼いころから少しずつ母に教わっていたような気もする。

良い成績を取ったり試合で賞をもらったりしても、誇りには思っても驕《おご》ってはいけない。日本の武道では優勝しても笑ったりガッツポーズを見せたりせず、最後まで礼を尽くした態度をとる。つまり、そういうことだ。

物事に対する母の一貫した姿勢は、何があっても驚くほど変わらない。正直にいえば、期待していたより数段薄いリアクションに、たまにイラッとすることもある。

私のユーチューブ動画が百万再生を超えたと聞いても驚かないし、テレビの有名な番組に出ても瞬《まばた》きもしない。「ずっと密着取材をされている」と伝えても、「それは不思議なことだね」とどこ吹く風。母からすれば、ＳＮＳで人気が出ようと、何かに優れていると誰かに褒められようと、それが幸せを保証してくれるわけじゃない。本当の幸せは自分自身の中に見つけるものだと思っているのだろう。

わかるけど、その境地まで行くのは簡単なことでもない。きっと私はまだ修行が足りないのだ。

じゃあ父はといえば、母とはまったくタイプが逆だ。

両親の反応の仕方があまりにもちがうので、私は何かを伝える必要があるときはいつも、（これはどっちに話すべき？）と考え、そのつど選ぶことにしている。たとえばこんなふうに。

一、高給な仕事のオファーをもらった↓**父**
　そのオファーを断った↓**母**
二、ユーチューブの動画の再生回数がすごく伸びている↓**父**
三、自然豊かな離島（小値賀島）に滞在することになった↓**母**
四、美濃で和紙作りを体験した↓**母**
五、友人がG7でイタリア環境省の通訳をすることになった↓**父**
六、運転免許を取った↓**父・母**
七、自転車を盗まれた

↓父「すぐに泥棒を探しにいかなきゃ」
↓母「それはしょうがないね」
八、詐欺に遭った
↓母「それは残念だね。でも、お金がすべてじゃないよ」
↓父「銀行に行った？　詐欺をどう証明する？　相手の名前や詳細は？」

六みたいに、両親ともにいい反応を見せてくれるケースはかなりまれだ。なかなか厄介だけど、コツがつかめれば選択肢が二つあるのも悪くはないかな。

日本語弁論大会で優勝――「もったいない」と「金継ぎ」

この弁論大会は、日本語と日本文化を専攻するイギリス国内の大学生が参加するもので、みんなが本気で腕を競う合うコンテストだ。それだけにレベルも高い。

でも、自分より日本語がうまい学生がたくさんいると嘆いてみても始まらない。私自身の経験から伝えたいことさえはっきり話せれば、メッセージはきっと届くだろう。

東京で留学していたとき、ひょんなことから出会ったゴミ屋敷の住民は、ちゃんとした仕事にも就いているのに、どうしても片付けやごみ捨てができず、家じゅうに物が山積みになっていた。その人の家を訪ねたとき、台所の窓のすき間から体をねじ入れるしかなかったことを思い出して、スピーチのテーマがひらめいた。

キーワードは「もったいない」という言葉。また、同じころに体験した伝統工芸「金《きん》継《つ》ぎ」だ。古くから日本に根づいたこの二つの精神性を生かしていくことが、これからの社会に必要な態度なのではないか、そんな話を準備して本番に臨んだ。

「もったいない」は、ものを大切にし、無駄な廃棄物をなるべく出さないように心を砕く日本人の心情をよく表した言葉だと思う。

人間の存在自体をおびやかす環境問題の数々を解決するために、「もったいない」という概念が生み出すプラスの価値を洗い出し、さまざまな分野に広められたら素晴らしい。そうなれば、個人だけでなく大企業にも、より持続可能な生き方や方策をうながすことが可能になるのでは。

漆《うるし》を使って壊れたものを修繕する伝統技法「金継ぎ」が、その理想的なモデルになるかもしれない、と私は考えた。ものを長く使う人が増えれば、資源の無駄使いも減る。金継ぎには、磁器の割れ目を埋めた漆の上に金粉を定着させることで、見た目にも美しい芸術的な日用品に生まれ変わるすごさがある。でも、私が強く惹かれたのは、それが象徴する意味合いだ。どんなにつらいことがあっても、心が傷ついても、経験を活かせばより強い人間になれるし、それが人としての味わいになる——金継ぎこそ、まさにピンチをチャンスに変える知恵の結晶なんじゃないか。

コンテスト前日、ケンブリッジからロンドンへ向かうため駅に向かった。見送りに来てくれたケンブリッジ大学日本学科の教授を前にスピーチの予行練習をしてみたのだけれど、彼女の目にだんだん涙がたまってきた。

「感動しました。1年生のときからずいぶん成長しましたね」

こんなに〝もったいない〟褒め言葉があるだろうか。もちろん本番は頑張ろうと思っていたけれど、もうこれだけで私はすごく幸せな気持ちになった。

大学で仲良くなった日本人のゆみが「ロンドンまでいっしょに行くよ」と言ってくれたのも心強かった。イギリスでよく食べられている中東名物のフムス（ひよこ豆のペースト）にニンジンをディップしてふたりで食べながら、電車に揺られた。

ほかの出場学生たちが私の知らない日本語を使って堂々とスピーチしているのを舞台袖で聞いていると、パニックになりそうだった。たとえば、今でも思い出せないけれど、はじめて聞くような謙譲語を何人もの学生がふつうに口にしている。その場で暗記したって無理だ、私なりの表現でみなさんに自己紹介をしよう。緊張のなか、自

ロンドンでの日本語スピーチコンテストにて。ジェスチャーも加えながら元気よく頑張った

分に言い聞かせた。

「みなさまこんにちは。ケンブリッジ大学のアジア・中東学部からきましたリッゾーリ・テシと申します。ドキドキしていますが、よろしくお願いいたします」

心を決めて自己紹介から語りはじめたけれど、考えてきたいろんな言葉が話の途中で飛んでしまった。それでも笑顔だけは忘れずに、聴衆を見渡しながら、聞き取りやすいよう抑揚をつけて、ときには笑いも交えながら、最後まで話し切った。

そして、最終的になんと優勝してしまった。賞品として日本―イギリス間のＪＡＬ往復航空券、そしてジャパン・レール・パス（ＪＲパス）という在来線と各種新幹線が一週間乗り放題になるチケットをもらった。ＪＲグループ六社共同で日本全域をカバーするスーパーパスだ（現在は訪日外国人のみ購入可能）。

長いコロナ禍を経て三年ぶりに日本にやってきたとき、このＪＲパスが大活躍した。東京から長崎県の小値賀島《おぢかじま》を訪れたあと、はじめて鹿児島県に行ったのだけれど、帰路はＪＲパスで次のルートを駆け巡った。

鹿児島〜福岡〜大阪〜京都〜名古屋〜岐阜・石徹白〜福井〜金沢〜横浜〜東京

パンデミックのせいでこの賞品を実際に使えるまでずいぶん待ったけれど、そのぶん喜びもひとしおだった。

おじいちゃんのポモドーロ

亡くなったその日の朝も、彼はちゃんと冷蔵庫にズッキーニとトマトがあるか、引き出しに玉ねぎとパスタがあるかどうかを娘と息子たちに確認していた。

90歳まで元気に生きた私のおじいちゃんは、かつてシチリア島の漁師だった。ジュゼッペという名前で、愛称はピノ。「ピノ」はイタリア語で「松」という意味でもある。母が中学生だったとき、新しい仕事のため一家でイタリアの北のほうへ引っ越して以来、七人の家族を集めて料理を作るというおじいちゃんの情熱は、最期の時まで消えなかった。

冬は寒い土地柄に合った、体も心も温まる料理を作り、夏は毎年故郷シチリアに帰って自分の小さな船で魚を釣りに海へ出た。しかし、ある日いつものように港に向かうと、おばあちゃんの名前「セバ」と命名していた船がなくなっていた。「マフィアに盗まれたにちがいない」とおじいちゃんは確信したそうだ。悲しかったけれど、その気持ちをさらにおいしい料理を作るためのエネルギーに変えた。

おじいちゃんの作るいちばん印象的な料理はポモドーロ（トマトソース）のパスタだった。材料自体は玉ねぎ、人参、トマト、ニンニク、バジル、ローリエと簡単なものばかりだけれど、心を込めて作ることが彼のなによりの隠し味だった。

亡くなる前の日にもおじいちゃんはこの素材でおいしいソースを作ってくれた。

コロナ禍、病院ではなく自宅で療養していたおかげで、慣れ親しんだ場所で久しぶりにおじいちゃんに会えたのはうれしかった。ローリエの冠を頭にかぶって部屋に入り、ベッドに横たわっているおじいちゃんに挨拶すると、

「大学を卒業したんだね。おめでとう」

イタリアの伝統で大学の卒業生がかぶる冠に目をやり微笑んだ。ローリエの葉は古代ギリシアから文化芸術にすぐれた人々を讃える象徴で、もとは偉い詩人がかぶって

いた名誉あるものだ。

そして、もう何日もベッドから起き上がっていないはずのおじいちゃんが体を起こし、両手を伸ばして私をハグしてくれた。水も飲めないくらい弱った体なのに、いったいどこかからこんなエネルギーが出てくるのだろう。

「次は日本かい？」

「うん。渡航制限が解除されたらすぐ日本に行きたいと思ってるよ」

そんな奇跡のような日、いつも料理のことばかり考えていたおじいちゃんがキッチンに立ちたいと言った。どうしてもやると何度も言うので、家族三人で体を支えながら椅子に座らせ、キッチンまで連れていった。

包丁を取ってほしいと言われたので、そのとおりにする。切るのを手伝おうとすると、「ダメ」と制された。玉ねぎも人参も時間をかけて、椅子に座ったままひとりでみじん切りにしていく。オリーブオイルをフライパンにさし、ローリエの葉も使って〝最後のポモドーロソース〟の完成だ。

ベッドで過ごしていた最後の日々もしっかりとした顔色で、買うべき宝くじの番号を「どうしようか」と言ったり、家族にまかせている買い物のリストを確かめようとしていたそうだ。そんなとき、娘の誰かがキッチンにあるズッキーニなどをもって見

せにいくと、
「野菜もパスタも十分にあるようだ。これならみんな食べられるね。よかった」
と笑っていたという。きっと安心したのだろう。

亡くなった日の午後、すべての親戚がおじいちゃんの家に集まり、幕を下ろした彼の人生を料理でお祝いした。そのなかには昨日おじいちゃんが作ってくれたポモドーロソースで使った大皿のパスタもあった。

「これはピノじいちゃんが最後に作ったポモドーロよ」ひとりのおばさんが言った。
「ヴォンアッペティート（いただきます）」と口々に言い、みんなでおいしくいただいた。

その日の悲しさだけではなく、最後まで頑張って料理を作ってくれたおじいちゃんの姿、私を誇りに思ってくれた気持ち、冠にしていたローリエの葉、そして命そのもの、すべてが込められたポモドーロだった。

人生をかけて愛した料理に注ぐおじいちゃんの情熱が、最期の時まで消えなかったのを目の当たりにして、私は人生の支えとなる大きな力を受け取ることができた。

〝ピノじいちゃんのポモドーロ〟は、日本で過ごす日々にあっても、私が心の奥底で大切にしている宝物だ。丁寧にみじん切りされた玉ねぎには、おじいちゃんが思う食の大切さが表れているだけでなく、情熱をもってこまやかに生きた彼の人生そのもののが刻まれていた。

日本に行ったら先生に——就労ビザ

その夏、私はなんとなくイタリアで過ごしていた。

コロナ禍で卒業式は延期され、成績表はメールで受け取り、すでに郵便で卒業証書は届いていた。手持無沙汰だった私は「日本に引っ越したい」という動画を撮り、ユーチューブに投稿してみた。すると驚いたことに、日本の複数の企業から仕事のオファーが舞い込んだ。そのとき、ケンブリッジ大学でお世話になった教授の言葉を思い出した。

「いまは勉強がつらいかもしれない。チャンスをつかむには、自分で重いドアを押し開けなければならないこともたしかにある。私自身、有名ではない大学を卒業したから、ケンブリッジ大学の日本学科に迎えてもらうには、何冊も著作を出版しなければならなかった。でも、ケンブリッジ大学を卒業すれば、そのドアを自分で開く必要はなく、さまざまなドアがむこうから開いてくれるんだよ」

たしかにケンブリッジ大学を卒業した後は、日本から少なくない仕事のオファーがあり、東京のタレントエージェンシーからも連絡をもらった。その理由の半分は、有名な大学を卒業したからだろう。でも、もう半分は、留学中に自分で決断した結果だと思っている。学生寮に住むのではなく、日本人も住んでいるシェアハウスを探し、そこでの生活を自分の拠点にした。それも役に立ったと思う。

卒業したとき、次に何をしたいのか自分でもよくわかっていなかった。日本に行けば、きっと何かインスピレーションを得られるにちがいない。ただ、就労ビザがないと長期滞在はむずかしい。そこで、受け取ったオファーをいろいろ検討してみた。

皮革製品のラグジュアリーブランドからの仕事の誘いもあった。最初はイタリアのミラノとドイツの拠点で働き、その後日本に異動するという話だった。給料の希望を聞かれたので、新卒にしては高めの金額（手取り60万円）を提示してみた。すると、あっさり「オーケーです」と言われた。

しかし、結局その仕事はお断りした。もし日本で、皮革製品をあつかうイタリア人として定着してしまったらどうしようと思ったからだ。〝皮商人テシ〟という言葉が夢にまで出てくるようになって、これは自分にはできない仕事だと思った。

次の選択肢は、英語を教える教師。できれば避けたい職種だった。日本で英語を教えている外国人の多くは、本当に英語を教えたいわけではなく、日本に滞在するビザを得るためにこの仕事を選ぶ。ほかの日本企業と比べれば残業も少ないというし。

私自身、言語を教えるのは好きだし、大泣きされないかぎりは子どもも好き。留学

かわいい子どもたちに囲まれて素晴しい時間を過ごした。我ながら幸せそうな顔

中の忘れられない思い出の一つは、幼稚園で「文化の日」のイベントに参加させてもらった日のこと。八十人ほどの園児たちにイタリアについて私なりにお話をした。その後、一つのクラスに加わり、みんなといっしょに遊んだ。帰るときには、子どもたちみんなが「先生、明日も来てね！」と言ってくれて、とても心温まる一日だった。

　でも日本で英語教師になったら、これまで勉強した日本語がまったく生かせなくなる。それは、すごくもったいない。また、私の親族のほとんどが何かしらの教職に就いていて、ちいさなころから「あなたはぜひ先生以外の仕事に、何でも自由に就いてね」とよく言われてきた。

その期待を裏切りたくもなかった。

でも結局、東京で子どもたちに英語を教える仕事を受け入れた。雇用主も、私がビザを更新しつづけてずっと働くわけではないと理解してくれたので、安心した（でも、も紆余曲折を経て、結果的に先生になることはなかったけれど）。

シャワーのお湯が出ない――丸坊主

就労ビザの発行には、日本での雇用主が取得しなければならない在留資格認定という書類が必要だった。その書類が届くのを待つあいだ、私はケンブリッジを離れてロンドンに行き、食事のデリバリーなどのアルバイトをしながら待った。

２０２１年１月、イギリスはロックダウン状態にあった。ちいさな部屋のために11万円の家賃を払ってこの状況でロンドンにいるのはもったいないなと感じ、私はイタリアに引っ越した。コロナの検査を受けたうえで入国し、二週間の自己隔離だった。

ローマのトラステヴェレで一カ月滞在した後、バチカン市国に程近いオッタヴィアーノのシェアハウスに移った。ラファエルの有名な絵があるバチカン博物館はガラガラで、「この部屋、こんなに広かったんだ！」と思うほど、人がいなかった。

その二日後、ローマは完全なロックダウンに入った。外出すると警察に止められ、身分証明書を求められ、どこに行くのか説明しなければならない。

私がいたアパートはもともと観光用の宿泊施設だったけれど、観光客が激減したため、一般の人でも５万円くらいで借りられるようになっていた。トイレとシャワーはついていたけれど、水量は乏しく、お湯は出ないというありさま。配管工を呼んでも、来るまでに三カ月もかかったり、結局来なかったり、料金が高かったりするので、「呼ぶつもりはない」とオーナーもあきらめ顔だった。

パンデミックのさなか、こんなふうに髪の毛一つ洗うのにも気を揉《も》むのは面倒だ。妹のアジアが前に一度、坊主頭にしたことがあったのを思い出して、自分も丸坊主にしてしまおうと決めた。アパートの近くでまだ営業していたバングラデシュ人の美容室へ行き、「髪の毛を全部カットしてください」と頼んだ。

「ほんとに全部ですか？」

「はい、お願いします」

数分後、肩まで伸びていた私の髪の毛はすっかり消えていた。しかし、それだけでは終わらない。髭剃《ひげそ》りに使うクリームをブラシで頭じゅうにぺたぺた塗られ、マッサージされ、剃刀《かみそり》でスキンヘッドになるまで剃られた。代金は日本円で１０００円しないくらい。値段を考えると、とてもいいサービスだった。

ローマで生まれて初めて丸坊主に。自分でもけっこう気に入っていた。またやりたいな

妹のアジア。丸坊主にしてから少し経ったときの写真。こう見ると姉妹で似てるかな?

「完璧です。ありがとうございました」

別人になった鏡の中の自分を見ながら、なんだか笑ってしまった。

その姿を見た日本の人たちは、「丸坊主、似合ってるね！」「頭の形が丸いからきれい！」などと言ってくれた。私は「丸坊主」というのは、髪の毛を剃ることで頭の形が丸く見えることから生まれた言葉だと思っていたけれど、調べてみると、仏教徒が出家した証におこなう剃髪《ていはつ》から来ていると知った。坊主は僧侶の俗称でもあるのだ。

高校のときはずっと髪の毛を伸ばしていて、その長さをいつも褒められていた。イタリアでは、女性の髪の毛は長ければ長いほど美しいとされる。だから、ショートヘアの女性は本当に少ない。でも、日本に行ってみると髪の短い女性がふつうに大勢いて、似合っている人が多かったので、(あれもいいな)と思っていた。

いざ坊主頭にしてみると、イタリア人からも意外に「いいね!」と言われたけれど、丸坊主にしたのは自分のためで、ちょろちょろの水シャワーで頭を洗わなくてもよくなったことがいちばんうれしかった。

日本のテレビ局で海外レポーターに

テレビをほとんど観ない私が、テレビ業界で働く日が来るなんて思いもしなかった。

ちいさかったころ、わが家ではテレビを観ていいのは一日30分と決められていた。朝7時20分からのアメリカのアニメ『Oops!　フェアリーペアレンツ』や夜の『Mr.ビーン』、たまに『アタッカーYOU!』や『ドラえもん』、『ドラゴンボール』なども観ていた。高校生になると、リアリティショーや音楽番組も観られるようになったけれど、夜8時からは家族でニュース番組を見るのが決まり。ニュースが終わるまで夕飯は食べられなかった。いまでも実家に帰るとこの習慣が続いている。

留学中の日本語の授業で、日本社会に関するテーマを一つグループごとに決めて調査とインタビューをおこないレポートをするように、という課題が出された。どんな切り口がいいだろうと考えていると、来日時に乗った飛行機で隣に座っていた日本人女性が「東京の風俗店で働いている」と言っていたのを思い出した。グループを組んだ同級生のふたりにその話をし、一般の市民や風俗店の経営者、現場の労働者たちが風俗業界についてどう思っているかを調査することにした。

歌舞伎町や吉原を歩いて集めた生の声はさまざまで、伝えるべきトピックも多く、10分間のレポートにはとても収まりそうにない。そこで、これをドキュメンタリー映画にすればいいじゃないか、という話になった。できあがった映画は大学で上映され、このときの経験をきっかけに、興味を惹かれたテーマで取材をして動画にまとめるおもしろさに気づくことになった。

留学が終わり、ケンブリッジ大学に戻った数カ月後。パンデミックが勃発したときの新聞記事は一生忘れられない。

世界じゅうが未曾有の事態に陥り、コロナによる死者が毎日千人を超えた。けれど、ケンブリッジの学生寮エマニュエルカレッジから追い出されたことをのぞけば、私の生活はそれほど大きく変わらなかった。なにより卒業論文に集中しなければならなかったので、毎日机に向かっていた。

このころ、「イギリスの現状」と題した日本語の動画をひとりで撮った。日常生活の制限や、パンデミック下のルールなどを伝える内容だ。感染防止のため厳しい移動制限が生じたせいで、現地から情報を伝えられる人のニーズが高まっていたのだろう。私のレポート動画を見たという日本のテレビ番組からいくつか連絡がきた。

　そんな流れで、最初はフリーとしてさまざまな日本のテレビ局のためにコンテンツを作ったりインタビューに応じたりしていたけれど、あるテレビ局からロンドン支局のスタッフになってほしいと頼まれ、英語やドイツ語、イタリア語などでの取材に携わるようになった。

　日本で放送される海外ニュースの多くは、外国語で書かれた記事のリサーチから始まる。どんなトピックを取り上げるべきか、なぜそれが日本人にとって興味深いのか、どんな重要性があるのか――そのパズルがはまったら、現地での取材やインタビューに動く。刺激的だし、大きな学びを得られるだけでなく、誰かのためになるはずだと思える仕事だった。

　取材したトピックも国境を越えてさまざまだ。パンデミック時の一般の人たちの生活、新たにできたルール、スーパーの品切れ商品、クリスマスや年越しの過ごし方、制限を破った人々、ドイツの選挙、イタリア製の針なしコロナワクチン、海底を通る電気工事、環境会議ＣＯＰ26……。忘れられないのは、ウクライナと国境を接するポーランドで、ロシアによる侵攻から逃れてきた人々の状況を取材したときのことだ。国境の間際に身を置いて、命がけでここまで来た人々の声を聞きながら、戦争そのものを実感した。カメラマンが来られなかったため、大きなテレビカメラを背負って私が撮影も同時にしなくてはならなかった。雨の中でカメラはずっしりと重かったけれど、ウクライナから逃げてきた人たちがポーランド側で待っていた家族と再会する光景は、胸に迫った。

たいへんな移動を経てきたばかりの人たちに取材をかけるのは、正直いって躊躇《ちゅうちょ》もする。自分は国境を越えても、まだ国に家族を残している人は多い。精神的に落ち着けるはずがないだろう。

ウクライナとの国境に近いポーランドで取材と撮影にあたった。緊張感がただよう現場で

逆に、ポーランドからウクライナへ戦いに向かう三人の若者の姿もあった。「なぜ行くんですか」と尋ねると、「あそこに私たちの家族がいるから。守りにいきます」と答えながら、ひとりの青年はその場で泣き出した。

彼らは国境を越える方向へ消えて

いった。

あらゆるニュースがそうだけれど、この戦争のニュースも徐々に話題にのぼらなくなり、多くの人たちが気にとめなくなりはじめている。国境で取材したあの三人はまだ生きているのだろうか、どこにいるのだろう。今もふと、彼らの悲壮な表情を思い出す。

テレビ撮影のルール――左利きはダメ？

いざ日本の報道機関で働いてみると、現場での取材の段取り、生中継のリレーチェック、文字起こし、翻訳、メールのやりとりなど、はじめて体験することばかりだった。ちょっとしたことだけれど、へーと思うようなこともあったので紹介してみよう。

新しく開店したレストランの取材では、実際に食べるようすを撮影する。これが日本食レストランの場合、麺などをしっかり見せるために箸で持ち上げるのだけれど、このときは右手を使わなければならない。左手で箸をもっていると「視聴者が違和感を覚える」らしい。左利きの私は不思議なルールだなと思って、一度日本人の友人に聞いてみたら、

「たしかに、左手で箸をもっている人をテレビで見るとちょっと目立つかも」

視聴者の反応を先回りして考える必要がある、ということだ。でも、裏を返せばこれって、視聴者の感じ方はテレビ側の意図によって形成される、というふうにも言える気がする。右利きであるべきだ、右利きが正しいと。日本で「左利きです」と言うと驚かれることが多いのは、テレビの撮影方法も影響しているのかもしれない。

ヨーロッパでも昔は「左手は鬼につながる」から、子どもたちはみな右手を使うように教えられた。しかし、広い世界には左利きの人だってたくさんいる。左利きの赤ちゃんだって絶えず生まれてくる。

ありのままを映せばいいのにな。ラーメンのどんぶりを前に、左手にもったお箸で麺をすするレポーターが日本のテレビで当たり前に映る日を楽しみにしている。

最近も、箸と左利きの人々についての議論が持ち上がった。北海道の釧路への旅行中、いっしょにいた女性は、私の日本の友人たちの中でもかなりマナーに長けた人だった。私たちは湯川温泉の居酒屋でろばた焼きを楽しんでいた。彼女は、魚をどれだけじょうずに食べられるかを見れば、その人の食事マナーのレベルがわかると言った。「焼き魚は頭部を向かって左側に向けて皿に置き、尾に近いほうから食べはじめる」とおじいちゃん、おばあちゃんから教えられたそうだ。右利きであろうと左利きであろうと、「箸は先端を左に向けて箸置きに置くように」とも。右利きの人々がそうするからだ。

「左利きの私としては、箸は逆向きに置いたほうが便利なんだけど」

すると彼女は、自分も左利きだけど、人前での作法だから合わせていると言った。

好き嫌いや便不便に関係なく伝統的な規範を守るという人は、きっとそういうことを意識しているのだろう。礼儀作法（とくに食べる際の作法）を学ぶための西洋の古典『ガラテオ』を思い出した。ルネッサンス期にフィレンツェのジョヴァンニ・デッラ・カーザが書いたベストセラーだ。

でも、気のおけない内輪の間柄でも〝伝統を守るために〟自分を矯正しなくてはならないほど価値があるのか、とつい思ってしまう。

一方で、伝統や細部への緻密なこだわりが日本文化をユニークなものにしてきたことも、疑いの余地がない。社会的な意思や積み上げられてきた知恵を上位に置くことで、多くの日本文化は受け継がれ、磨かれてきたのだ。

自由に深く、取材がしたい

取材でテレビカメラを向けているときには、iPadやスマホ、パソコンなどの画面を映し込んではいけない、と言われた。どうしてだか、あなたはわかるだろうか。

ある撮影取材中、インタビューに答えてくれていた専門家が、視聴者の理解を助けるためにグラフをiPadで見せたいと言った。しかし、「画面の中で別の画面を見せるのはおかしいから」という理由で、その申し出は却下された。結局、私はそのグラフデータを紙で七十枚も印刷することになった。意味がわからなかったけれど、そうするしかなかった。

次にビックリしたのは、予定が予定どおりにはいかないことがすごく多いことだ。テレビの仕事はスケジュールが常に変わる。どこかへ向かう飛行機をすでに予約していても、当日の朝、企画が変わることもある。取材相手から急にキャンセルされたり、もっといい取材対象者が見つかって切り替えたり。また、予定変更は取材前にだけ起こるわけじゃない。丁寧に取材したネタでも突然報道しないことに決まったり、より重要とされるニュースにスイッチされたりする。

せっかく時間を割いて取材に協力してもらったのに結局何も放送されなかったときは、複雑な気持ちになる。

もちろん素晴らしい経験もたくさんした。ヨーロッパの現状を報じるレポーターとして、毎日のように取材地を飛びまわり、さまざまな国を訪れることができた。旅が大好きな私にとって、それは魅力的だった。観光客の旅とはちがって、取材者の視点からその国の別の顔を発見することができる。ちゃんとしたホテルに泊まり、おいしい食事を楽しむこともできた。

しかし、一件ごとの取材時間は短くて、なかなか深堀りできない点が残念だった。

それならいっそ、フリーランスのジャーナリストになればいいのかも。経費面は多少気になるけれど、時間は自由に使うことができるから、その場の流れで取材を掘り下げていくことも可能だ。そう思った私は、お世話になったロンドン支局の仕事に別れを告げ、独立することにした。

晶は銭湯の桶三つ

「晶」の字を見ると、私はもう銭湯の桶しか頭に浮かばない。銭湯に行って黄色いケロリンの風呂桶が積まれているのを見ると、だから「晶」の字がまぶたに浮かぶ。山東京伝の黄表紙に、二段に積まれた桶の絵が「晶」の字に模して描かれていたからだ（143ページの図版参照）。

晶という字は、三つの小さな桶を重ねて表している。この文字自体が明るさや光を意味する。同じように、人々が毎日お風呂に入って体を洗うように魂と心を清め、邪悪な欲望や邪悪な情念を洗い流すのである。こうして、人の純粋な心は明るく澄んだ輝きを放つようになる。（『賢愚湊銭湯新話』より筆者意訳）

江戸時代後期には、滑稽本『小野𫝔《おののばかむら》譃《うそ》字《じ》尽《づくし》』でこのモチーフを見た人も多かったはずだ。江戸初期に編まれベストセラーとなった文字の教科書『小野篁《おののたかむら》歌《うた》字《じ》尽《づくし》』のパロディ作品で、著者は『浮世風呂』などで有名な式亭三馬。

三馬もまた、「晶」の字の横に三つの木桶の絵を置いている。こう見ると、両者はたしかにそっくりだ。

こんなふうに絵とセットで覚えておけば、字をド忘れてしまったときも、桶の絵を思い出して書くことができるだろう。

もちろん滑稽本だから、読者はパロディだという前提でこれらの演出を楽しんだはずだ。でも、私のように日本語を学ぶ外国人からすると、おもしろいだけでなく純粋に漢字の勉強にもなる。

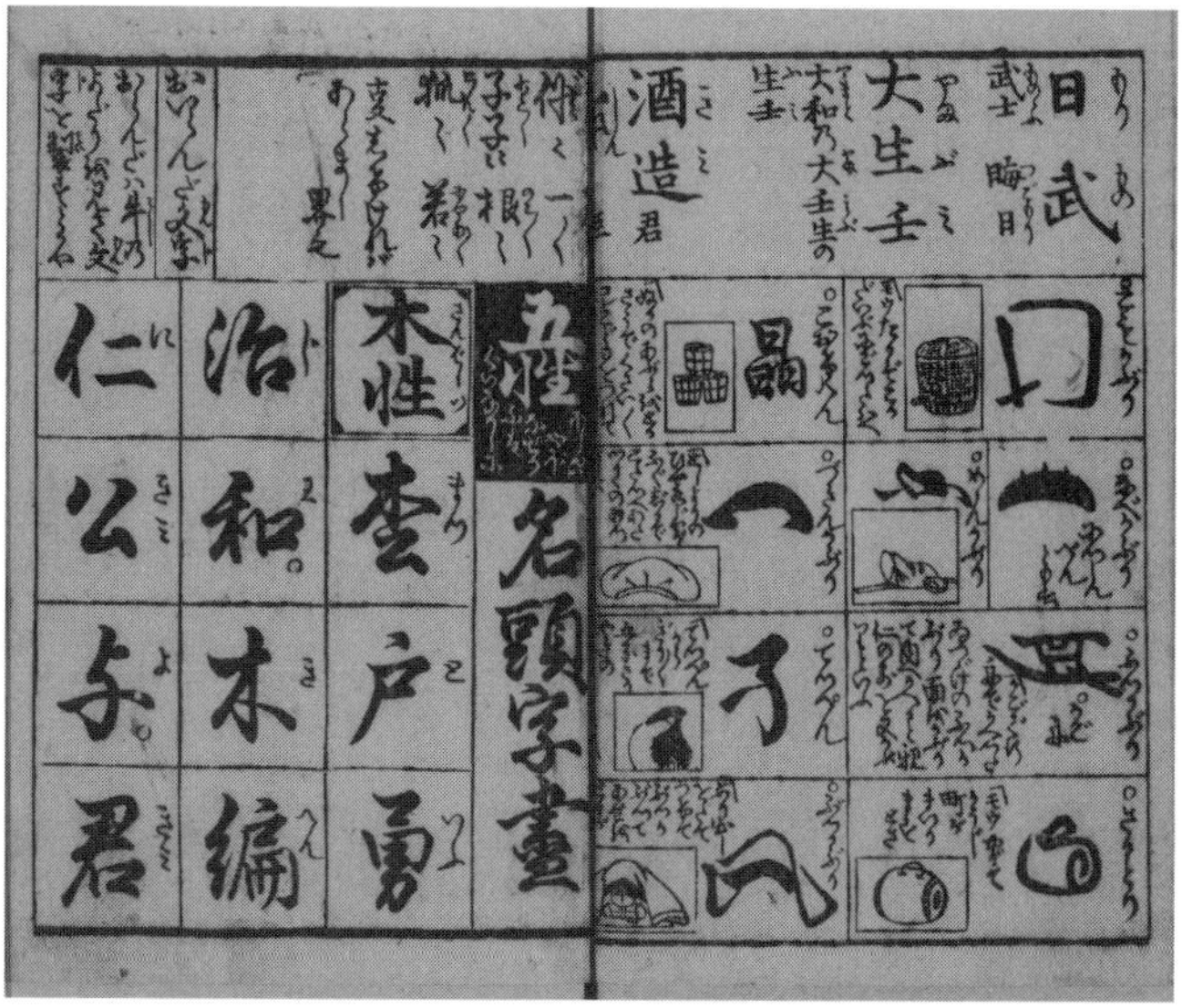

『小野蒐譃字尽』より（東京都立図書館蔵）

Dolce

肆

言葉たちを抱きしめて

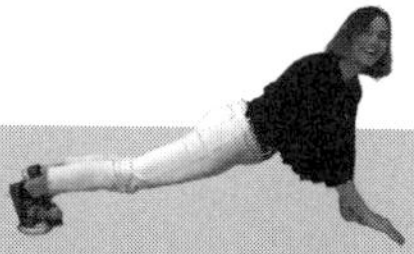

これができたら近しい間柄――おなら

「彼女がベッドでおならしたとき、ボクたちの距離がぐっと近づいた気がしたな」

兄妹《きょうだい》三人でいるとき、ふと兄がそんなことを言った。まさか妹たちにこんな情報をニコニコと話してくるとは思いもしなかったけれど。

たしかに、友人同士や恋人の間で「おなら(屁)」が自然にできたり、話題にのぼるようになったら、それはよほど近しい間柄になった印にちがいない。私の場合は、「屁」という漢字がどれだけおもしろいかを、ついつい話したくなってしまうほうだ。

屁は「尸(尻)+比(ヒッと漏れ出る音)」からできた文字で、音読みは「ひ」、訓読みでは「へ」。日本語には一音で表す言葉がたくさんあって興味深い。「いろは歌」に出てくる仮名それぞれに当てられる漢字があるから、最低でも四十七個以上ということになる(以、火、日、胃、尾、田、地、名、葉、実、根、麩、輪……実際は百でも利かないだろう)。そんななかでも「屁」は、かなり気になる存在だ。

日本の人たちと話していると、ふつうの会話では「おなら」と言うようだ。もとは室町時代、宮中に勤める女房たちが使った隠語だった。

「(屁の音を)鳴らす→鳴らし(名詞形)」に丁寧な「お」をつけ、語尾の「し」を省いて「おなら」。冬に食べるとおいしい「おでん」も同じように、「田楽（でんがく）」に「お」をつけて、語尾「がく」を取った言い方から来ているらしい。どちらも、たしかに女性的でやさしい響きがある。

私も当初、「なら」を丁寧な言い方にするため「お」をつけているんだろうな、と想像はしたけれど、じゃあ「なら」が何なのかはずっとわからないでいた。

あるとき日本人の友達と香川を旅していると、宿泊所の廊下で彼女が急に「あ、おなら出る」と言った。（えっ！）平静を装って「どうぞどうぞ」と返したけれど、友達同士ならおならをしてもＯＫという体験はこのときが初めてだった。イタリアやイギリスでは、家族の間でしか口にしない話題だから。

その数年後、ある日本人の夫妻と中華料理を食べにいったときのこと。ふたりがイタリア旅行にいった際の話を聞いていると、ローマの道端で大きな音でおならをする人がいて本当にびっくりした、という。たしかにイタリアには、我慢できないとき、まわりに人がいないか確認しておならをする人もいるにはいる。

そういえばうちの親戚にも、私が遊びにいったときおならをした人がいた。母のお姉さんであるおばだ。なにげない話の流れのなかで、コーヒを飲みながらいきなり

「ブーッ」と大きなおならをした。ふつうの人なら赤面して「ごめんなさい」と言うところだけど、おばさんは「これは昨日買った鶏肉だよ」「これは今朝飲んだ牛乳」「これはお昼のパスタに使った豆」などと、照れも笑いもせずにしゃべりつづけている。

　すると、奥さんが隣の夫には聞こえないようテーブルの上に身を乗り出して、

「恥ずかしいけど私も似たようなことがあるの。彼が鼾《いびき》をかいて隣でぐっすり寝てたから、いまなら気づかれないと思っておならしたのよ。音は出なかったはずなんだけど、なぜか彼が目を覚まして……。においが鼻に届いたのね。あのときは焦ったわ」

　口もとに手を添え、私は小声で返した。

「音のしないおならは臭いっていうからね」

　次の瞬間、「あはははは！」と、ふたりして笑った。こんなにあけすけにおならの話をしてくれた彼女には、あらためて「ありがとう」と言いたい気持ちだ。だって、おならのことを話せるくらい親しい関係、ということだからね。

と同時に、日本には「屁文学」というものが存在することを思い出した。太宰治の『富嶽百景』などの屁文学を専門にする教授まで日本はいるんだと、ケンブリッジ大学で教わった。日本の創作活動に、屁は文字どおり欠かせないスパイスだったようだ。

「放屁合戦」という絵巻物もあって、平安時代から江戸時代にかけていくつも描かれ

ている。男女入り乱れての壮絶な〝おならバトル〟を漫画のように滑稽に描いたもので、見ているだけで楽しい気分になってくる。

ヨーロッパの感覚だとにわかには信じがたい世界観だけれど、こうした日本人のおおらかさは大昔から刷り込まれたものなのか。そう思うと、友達同士でおならが話題にのぼるのも全然おかしなことではないのだろう。

マッチングしました！――キュン

やっぱり、その瞬間はキュンとなる。私の写真を気に入ってくれる人がいたんだ。以前、ユーチューブ動画に視聴者さんがくれたコメントへ私がハートマークをつけなかったことに対して、不満を伝えられたことがある。ハートマークがもらえないだけで傷つく人がいるなんて悲しい社会だな、とそのときは思った。

でも、たった一つのクリックで誰かをキュンとさせるテクノロジーのパワーというのは、たしかに存在しているようだ。最近、ふとした思いつきでBumble《バンブル》という有名なマッチングアプリを試してみた。次々に現れる登録者の写真を見て、いいと思った人は指でスマホ画面を右へスワイプ、ちがうなという人は左へスワイプする。

少しスワイプしていると、〝マッチングしました！〟という文字が画面に出た。もともと、こういうアプリでのやりとりは得意じゃないけれど、短い文を頑張って送ってみる。バンブルでは双方がマッチしたとき、女性側から最初のメッセージを送らないとチャットを開始できない。女性側にチャットしたい相手を選ぶ権利があるかわりに、コミュニケーションを取りたい場合は、自分から意思表示する必要があるのだ。おそらく、続々と送られてくる男性たちからの膨大な量のメッセージを事前に防ぐためのしくみなのだろう。

私とマッチした相手は〝風〟という字を含んだ名前で、それがカッコいいなと思った。この名前自体にその人の生まれながらの生き方が表れているのではないか、と日本語好きな私らしい考えで淡い期待を抱いたのだ。それが正しい判断かどうかは別として。

何度かメッセージを交わし、デートに行った。待ち合わせの場所に着いた瞬間、

（あれ、写真とちょっとちがう。顔はいいけど前髪がペトッと垂れ下がっていて、雰囲気が……）

おいしいビアバーに連れていってもらったのだけど、第一印象は覆らなかった。うーん、マッチングアプリってむずかしいんだね。それが正直な感想。最初に感じたキュンは、単に画面上でたまたま誰かとつながれた喜びにすぎなかったのか。

私の動画を観てくれている方々とは実際にはなかなか会えないけれど、私はいつで

も、みなさんと深いつながりを感じている。一瞬の〝キュン〟ではなく、距離はあっても長い目で寛大にお付き合いいただけたらうれしい。

デートでわかった価値観のずれ――男女平等

「テシさんのプロフィールを見て、価値観がけっこう似てると思ったんです」

「そうですか、うれしい。それは、どういった点で」

「男女平等のことを書いてましたよね。元カノと別れた原因もそれだったから」

「ええと、それはおふたりが男女平等じゃなかった、というお話ですか」

「そうですね。お金を払うのはいつも僕だったから、平等じゃなかったです」

先ほど話したバンブルデートの相手とのやりとりだ。

なぜこういう会話になったかというと、アプリの登録プロフィール欄に、探している相手のタイプを〝男女平等のことを当たり前に思ってくれる人〟と私が書いていたからだ。ああ、そんなふうに勘違いされたのかと気がついた。

女性のほうが優遇されていておかしい！　と不満げな彼にとって、やっと自分の分のお会計を払う気のある女子が現れた、と思われたようだ。いやいや、誰が代金を払うかというのは、また別の論点なんじゃないかな。

私が、合う人が見つかったらいいなと思った男女平等の価値観とは、賃金格差や議会に女性が占める比率の低さなどを「変えるべき」と考えられるような意識だ。

私たちの社会は今でも、同じ仕事内容なのに男女で賃金に差があったり、管理職のほとんどが男性だったり、共働きなのに女性が家事を期待されがちだ。そんな状況に、いっしょに疑問や怒りを感じてくれる人がいたらいいな。そういう気持ちでプロフィールに書いたのだけど、こうなってしまった。

私は〝ちゃんと割り勘で払う気のある女！〟と評価され、右スワイプされたのだろう。基本、会計は割り勘でいいと思っているし、すごく楽しかったときには自分から「全部払うよ」と言うことだってある。たしかに支払いのことは男女平等に関わる一テーマに含まれるかもしれないけれど、問題はそこじゃない、というか、なんだかピントが合っていない気がしてしまった。

〝風〟の名をもつ男性とのデートで、男女平等とは人の都合によって意味さえ変わってくるものなんだと知った。自分の常識はかならずしも相手にとっての常識ではなく、逆もまた同じ。

言葉で変わる距離感――「大好き」・「愛してる」

日本のお辞儀のマナーには、個人的にとても恩恵を受けていると感じる。

挨拶するときは頭を下げるだけでいいから、夏など汗でベタついた手を握り返さなくてもいいし、会ったばかりの清潔に見えない人とハグしたり、ふいに肩に手を置かれたりしなくてすむので気が楽だ。

でも、ギューッとするヨーロッパ式のハグが恋しくなるときもたまにある。

小学校を卒業するとき、先生がたと同級生みんなでピザを食べにいった。その席で、国語の先生が二十四人の生徒それぞれに小さな鉢植えをプレゼントしてくれた。一人ひとり先生のもとへハグしにいき、鉢植えをもらってお別れしたのだ。私がもらったのは、夜に花が咲くという素敵な植物だった。鉢の中に、ちいさなメッセージも添えられていた。

〝テシみたいに明敏な植物です。植物もあなたの魂も、うまく育ててね〟

この言葉も、先生と交わしたハグも、感謝の念とともに深く心に残った。

ただ、現在イタリアでは学校や公的な場所でハグをしてはいけないことになっていて、イギリスの大学でも距離感を守らないとセクハラだと言われる可能性がある。ハグだけでなく、他者とのあいだの距離感、その空気を読む必要があるのだ。相手が嫌そうな気配だったら、無理に体に触れてはいけない。ただイタリアの場合、友達や恋人との関係はハグなど体の触れ合いで深まっていくのがふつうだ。一方で、言葉遣い一つで距離感を保ったり、取っ払ったりするのが日本のやり方だと思う。

たとえば、「またどこかでお目にかかれましたら幸いです」こんなふうに丁寧な敬語で話せば、これ以上はおたがいの領域に入らないという目に見えない一線を引くこともできる。あるいは、デートの相手に「好きです。付き合ってください」と告白して、ひとたび相手の同意が得られたら、ふたりの関係は劇的に変わるのだ。

しかしあるとき、日本人でも、空気を読まずにすぐ手を握ってくる人がいた。

（えー、ちょっ……）と思っても、「やめてください」と手を振りほどくわけにもいかなくて困った。おたがいに、もうそういう空気になっているならまだしも、相手の気持ちも確かめず、いきなり手を握ってくるのは反則だと思う。

以前、日本人の彼氏ができたとき、「すごく大好きだよ」と言われて、シンプルに「私も好き」と返した。すると、彼が目に見えてがっかりした表情になった。

（え、どうして？）

ちょっとした言葉の差で、相手から感じとる親密度がすごく変わるんだな、とそのとき学んだ。だから本気で思っていない言葉は、逆に軽々しく口にしてはいけない。私の気持ちとしては「すごく好き」ではなく、「ふつうに好き」という感じだったから、そのとおりを口にした。期待に応えてあげられなくて残念だけど、嘘はつけない。日本人はこんなとき、そこまで思っていなくても「大好き！」と気を遣って言うのかな？

外国人の友達から聞いた話だけれど、ある日本人男性と付き合ったとき、けっこうすぐに「愛してる」と言われたそうだ。それは急すぎるし、自分はそこまで思うことはできないとびっくりして、彼女は「私も愛してる」とは返さなかった。

関係が始まったばかりの段階で、強い言葉を言いすぎるのはどうかな、と思う。少なくとも、相手に自分と同じレベルの返答を期待するのはやめたほうがいいだろう。

自分の感じたことを恥じる必要はない——同性愛

友人と北海道を訪れたとき、アメリカ調のカフェを営むホストの家に滞在した。夜、おそらく60歳くらいと思しきマスターから、彼の経てきた人生についていろいろ聞かせてもらった。とくに印象的だったエピソードは、彼がある女性を感動させたくて一年間ピアノを習ったこと、外国人の囚人のために通訳を買って出たこと、そして返事をくれない女性に向けて愛の手紙を何年間も書きつづけたことだ。送った手紙はすべて、相手の母親によって捨てられていたと後から知ったという。アメリカに暮らしていたときの話も興味深い。ニューヨークのゲイバーに偶然足を踏み入れ、最初は男性たちがみんなカップルで踊っているのに気づかなくて、わかったときは本当に驚いたそうだ。それを聞いた私の日本人の友人が、

「日本ではあまりそういう人たちに出会うことはないですからね」

そこで私は、こないだイタリアに滞在していたときのことを思い出した。

黒人の男性ふたりが手をつないで街を歩いているのを見かけたのだ。イタリア人の友人は「わっ、男が手をつないで！　そして黒人……！」とちいさく声を上げた。私はその言葉にすごく違和感があった。彼女に悪意はなさそうだ。だからこそ、それは多くの人の意識を代弁しているにちがいなかった。

そして私は、だんだん腹が立ってきた。同性愛がまだ異常なこととして見られ、後ろ指を指されるような時代に相変わらず私たちは生きているのだと、突きつけられた気がして。

私は同性愛が蔑まれ、ときには暴力の原因ともなる国で育った。イタリア語には、ゲイの人々を指す侮辱語や悪口が山ほどある。恋人同士が道端でキスをする光景は当たり前だが、それが異性カップルなら、みんな「いいね」と言う。しかし、同性カップ

ルが同じことをすると、多くの人が（気持ち悪い）という顔で睨《にら》みつける。私はそのような環境で思春期を過ごし、同性愛者がひどい呼ばれ方をするのを何度も見てきた。

あるとき、私はひとりの女性に恋をした。彼女から「あなたはどんな人が好き？」と尋ねられたとき、私は一瞬思考が停止してしまった。（それって女性のこと？　男性のこと？）私たちの社会は、常に女性は男性を好きで、男性は女性を好きだと決めつけている。この刷り込みはそうとうなものだ。

そのひとはよく、「自分の感じたことを恥じる必要はない」と言っていた。

その言葉は忘れたことはないけれど、自分がいつもそれを実践できているかといえば自信がない。東京のカフェでこのことを書こうとしたとき、まわりに見られないようパソコンの画面を少し暗くしたのも事実だ。つまり、この社会が私にそれを恥ずかしいと思い込ませてきた、ということだ。自分もその呪縛に囚われているのかと悲しくなった。

はじめて女性にキスしたとき、はじめて女性からキスをされたとき、それがこんなにも自然で、違和感がないことに自分でも驚いた。男性とのキスと変わらなくて、おかしな気分になんてまったくならなかった。それ以来、同性愛に対する偏見にこそ違和感を覚えるようになった。彼らを「異常」とみなす人たちや、宗教で差別をするような人たちについても同様だ。

日本でも同性愛については、西洋と同じような偏見がまだ一部あるように思う。儒教や家父長制の影響なのか、明治時代以降に入ってきた西洋文化の影響が尾を引いているのか……。

近代以前の日本は、性に関してある程度自由で寛容な社会だった。武将や寺の僧侶が若い衆や稚児と性愛を営んでいたのも歴史が伝えるとおり。江戸時代の文学など、ゲイの主人公が登場する物語であふれている。だから、伝統的なものに重きを置きたがる高齢世代がＬＧＢＴＱ＋に対して誰よりも偏見をもっているというのは、すごく皮肉なことだなと思う。

性別に関係なく、一人ひとりはただの人間だ。社会的にどうだからとかも関係なく、心が誰かに勝手につながろうと手を伸ばし、そこに感情が芽生える。

人間関係や私たちの想いって、納豆の糸みたいなものだなあと私はよく思う。混ぜはじめたらねばねば感がどんどん増して、数え切れない細い糸がたがいにつながり、溶け合い、からみ合っていく。人が生きて動いていれば、心は誰かを求めて自然につながっていくものなのだろう。

「テシのことが好きです」――「のこと」

たとえば、英語だと「I love you, Tess」。

イタリア語だと「Mi piaci, Tess」。

スペイン語なら「Me gustas, Tess」。

ポルトガル語では「Eu gosto de ti, Tess」。

ドイツ語は「Ich mag dich, Tess」。

すべて「私はテシが好き」という意味だ。どれも主語・動詞・目的語が並ぶシンプルな構成で、それは言語が変わってもほぼ揺らぐことがない。

でも、なぜ日本語では「テシが好き」と言うのと同じくらい「テシのことが好き」と言うのだろう。前から気になっていた。目的語が変わってしまっている。

「～のこと」とは、つまり私という「触れ合える生身の人間」ではなく、抽象化された私の「イメージ」が好きという意味なのかな……。それなら、「テシのことが好き」ではなく「テシが好き」と言われたほうがうれしい、そう思っていた。

しかし考えてみれば、誰かに「私のことをどう思いますか」と聞く場面もある。自分と過ごして感じた印象について尋ねたい、というとき。これは一面的な切り取り方ではなく、まるごとの自分を指した、いわば「私という人間のありよう」を言っている。「〜のこと」があったほうが、いろんな状況をひっくるめることができるのだ。

そう考えると、「テシが好き」は、私という人（たとえば顔とか声とか）が好きであるにすぎない一方で、「テシのことが好き」と言われると、私にまつわる良いところも悪いところも全部含めた存在として好き、ということになる。もしかすると、こっちのほうが愛は強いのかもしれない。「〜のことが」と言うことで「好き」の次元が上がるのだとしたら、それは日本語にしかない魅力といえるだろう。

ただし、日本語には訳せない美しいイタリア語もある。それは「Ti voglio bene」。直訳すると、あなたのために良いことが欲しいという意味だ。辞書などで調べるとたいてい「愛しています」と訳されているけれど、日本の「愛しています」より幅広い相手に使われる。逆に、恋人やとても親しい友達にしか使わないのは「Ti amo」だ。「Ti voglio bene」は友人はもちろん、自分にとって特別で尊敬している相手にも使える。だから、こちらのほうが誠実な感情だともしばしば言われている。

私の愛する洋食——スパゲッティーナポリタン

私のお気に入りの店は、葛飾柴又にある喫茶店「セピア」だ。店内の雰囲気は昭和レトロ。古いレコードや雑誌、おもちゃなどがあちこちに飾られている。ここのイチ押しはクセになる味のナポリタンだ。映画『寅さん』の舞台、柴又帝釈天の参道を散策する機会があったら、ぜひ寄ってみてほしい。

ナポリタン専門店「スパゲッティーのパンチョ」もよかった。私は御徒町《おかちまち》のお店で食べたけれど支店も多い。メガ盛り（600グラム）まであって、食いしん坊の私にはうれしい。しかも値段は普通盛りといっしょ。1955年創業の神保町「さぼうる2」のナポリタンも好みだ。こんもり高く盛られた形がかわいいし、量も十分。ランチタイムはいつも並んでいるけれど回転はけっこう早い。

「さぼうる2」のスパゲッティ―ナポリタン（900円）。原稿の推敲作業をしながら頬張る

みなさんご存じのとおり、スパゲッティーナポリタンはイタリアには存在しない。横浜で生まれ、その後日本じゅうのレストランや喫茶店に広まったものだ。

1927年創業の「ホテルニューグランド」に招かれた初代外国人料理長が、フランス料理としてトマトソースをベースとしたスパゲッティーを作ったことに始まる（メニュー名は「スパゲチ・ナポリテーイン」）。当時フランス料理では、トマトで味つけした料理を「ナポリタン風」と呼んでいたそうだ。

戦後、ホテルニューグランドはＧＨＱの宿舎として接収され、彼らはアメリカから大量に持ち込んだスパゲッティーをゆで、塩胡椒とケチャップをかけて食べていた。進駐軍が退去したあと、二代目料理長の入江茂忠氏が、それをホテルでも提供できる質の料理に改良し、トマト、ニンニク、玉ねぎ、ローリエとオリーブオイルをたっぷり使った「スパゲッティナポリタン」を生み出した。

さらにもう一段階、大きなイノベーションが起きた。ホテルニューグランド初代料理長の元で働いていた石橋豊吉氏が、横浜・野毛に自分の店「センターグリル」を開店。入手しやすかったケチャップをトマトソースがわりに使い、ゆでた太麺パスタを炒めてケチャップを和えた料理を提供した。これが、いまも日本じゅうで愛されるスパゲッティーナポリタンの原型となったらしい。

「イタリア人の口に『ナポリタン』の味は合いますか？」

しばしば聞かれるこうした質問には、「トマトソースを使ったオリジナルナポリタンは、きっとイタリア人なら誰もが好むはずです」と答える。ただ、ケチャップを使うとなったとき、おそらく意見は分かれてしまうだろう。

私もパスタを作るときにケチャップを入れようとは思わないけれど、最初に書いたとおり、日本で食べたナポリタンはどれもおいしかった。ナポリタンはイタリア料理ではなく「洋食」という名の日本料理。私はそういう気持ちでいただいている。日本人のセンスで日本で作られ、みんなに好かれている料理なのだから当然おいしいよね。だから、濃厚なケチャップの甘みと酸味が後を引く喫茶店のナポリタンに、気がつけばここまで沼ってしまったのだ。

観光地では気をつけて――ボッタクリ

私がイタリアから来ましたと言うと、「おしゃれだね」「ラテン系の明るいお国柄だよね」「イタリア料理って大好き」なんてよく言われる。しかし、たまに「イタリアはボッタクリが多いと聞いたことがあるけど……」と小声で言う人もいる。そう、たしかに日本に比べるとイタリア（を含む外国）ではボッタクリが多いと私も感じる。

イタリア語には、「ボッタクリ」に当たる言葉がいくつかある。その一つが「PRENDERE UNA **BOTTA**」で、「ボッタクリ」の「ボッタ」に発音も近い。ボッタクリは暴力から派生した言葉だし、イタリア語の「ボッタ」も打撃を意味している。

ほかの言い方としては、鳥の羽に関連するものもある。「SPENNARE」「SPELARE」「LASCIARE LE PENNE」「SPELLARE」「ESSERE DEI LADRI」などは「羽を外す」という表現で、転じて「体が痛くなるほど高い値段を払わせる」といった意味になる。日本語の「ボッタクリ」もそんなに遠くないイメージなんじゃないかな。

私は、何かの支払いをするときはかならず、「すべて交渉すること」「言われた値段を疑うこと」「ボッタクリに気をつけること」この三つを、子どものころから父に言われて育った。だから、イギリスで遭ったアパート賃貸に関する詐欺と日本で脱毛詐欺に遭ったことをのぞけば、これまで店や旅先で大きなボッタクリに遭ったことはない。

とはいえ、ベネチアのような観光地でそれを完全に避けるのはむずかしいから、私はそもそも必要がなければ何も買わない。イタリアでとくに危ないのはジェラート屋だ。価格がどこにも明示されていなくて、ジェラートを受け取ったあと8ユーロ（約1000円）も請求されるケースが多いから要注意（ふつうは2・8ユーロ［約400円］くらい）。カフェでも似たようなケースはあって、フィレンツェに行ったとき「テーブル席でしたら、カウンターで立ち飲みする二倍の額になります」と、注文するとき言われて焦った。少なくとも会計前の説明だったから詐欺ではないけれど。

死は不吉か自然なことか――お墓

「イタリアの墓地は広いですよね。個人名義のお墓が多くて、日本みたいに家族のお墓はあまりないようだけど」

「たしかにそうですね。あと、イタリアの墓地は少し人目につかないところにあるから、日本みたいにあっちこっちで出くわすことはないです。日本のほうが死に対していろいろとオープンなんじゃないかなと感じます」

何かの流れで、お墓の話題になったときのやりとりだ。

イタリアでは死について、みんなあまり話さない。誰かが亡くなると、「かわいそう」「若かったのに」「何が起きたんだ……」みたいなことは言うけれど、自分の死についての話はしない。もし、人からそういう話題をもちかけられたら、ネガティブで不吉な気分になる人が多いかもしれない。

子どものころ、おばあちゃんといっしょに墓地の近くを通ると「あそこにノンナカルメーラ（曾祖母のカルメーラ）がいるよ」とよく言われたけれど、私はそれで怖いだとか感じたことはなかった。

すべての人の死は同じではありえないし、すべての人が自然死するわけでもない。

また、すべての死が隠されるわけでもなく、忌避されるわけでもない。

昔、家族でインドを旅したことがある。私はまだ6歳。カラフルな布で包まれた遺体が黄色い花で飾られた筏《いかだ》で運ばれ、ガンジス川の水で洗われる光景を間近に見た。陸にあげられた遺体は、みんなの目の前で燃えさかる炎のなか火葬された。幼い記憶だけど、映像として鮮明に覚えている。

16歳のとき留学したチリでは、ホストファミリーのおばあさんから初対面でいきなり、「あたしゃね、物価も上がってきてるし、親戚に心配もさせたくないから、もうずいぶん前に自分のお墓は買ってあるんだよ」と言われた。死に対して、インドの次に意識が開かれているのはチリだな、とそのとき思った。

最近、日本の友人にこの話をしたら、「うちの親も、最近自分たちの墓を購入したよ」と返された。死は当たり前の自然なことだと受け入れている人は、日本でも多いようだ。彼らと交わすこうした会話からもそれはうかがえる。

「日本はいま、お墓の世話をする人が減っている問題があってね」

「亡くなった両親の空き家を整理しないといけなくて、仏壇を捨てる前にお坊さんを呼んで供養してもらったよ。あれも寺にとってはビジネスだけどさ」

「日本は火葬だけど、イタリアは土葬が多いの？」

あるとき、泊まらせてもらったお宅のホストさんにその近所を案内してもらっていたら、「お見せしたいお墓があります」と、あるお寺へ連れていかれた。敷地内の真新しい建物の中には、コインロッカーのように何段にも区分けされたトビラ式のちいさなお墓がずらりと並んでいた。中には骨壺が納められているのだという。

「私の家族の墓は、この上の階にあるんですよ」

そのなかの一つ、ちいさなトビラが開いたスペースには、果物のお供え物と大きなポテトチップスの袋が置かれていた。きっと亡くなった方の好物だったのだろう。遺された人々が死者を想う気持ちはそれぞれだけれど、その重さに変わりはない。

いつかは自分も死ぬ日が来ると理解しているから、ガンジス川のインド人も、チリのおばあさんも、日本の友人も、冷静に目の前の死に向き合えるのだろうか。だからこそ、限りある人生の時間を無駄にせず、笑顔で過ごしていけるのだろうか。

納豆の糸のように——ねばねば

最初はこわごわだった。臭い足みたいな匂いがするし、箸ですくおうとすると、なんだかべたべた、ねちょねちょしていて「うわっ！」となった。

しかし、納豆が間違いなく健康的な食べ物だというのはわかっていたから、日本にいるときは絶対食べつづけるぞと決めていた。そして、好きになるまで工夫もしつつ頑張った。いまでは納豆こそ、私がもっとも好きな和食の一つだ。

ただ、最初に納豆が好きになった理由は味や栄養面よりも、メタファーとしての納豆の奥深さに沼ってしまったからだ。納豆を混ぜたときの「ねばねば」というオノマトペを知って、おおいに惹かれた。ねばねば密着しながら自在に伸びてからまる感じが、人間関係の結びつきを思わせた。人は、人とのつながりなくして生きていけない。納豆が、平等な世界を生み出す理想の姿にダブって見えた。

また、ねばねばは、粘り強さにも通じる。自分が達成したいこと、挑戦したいこと、すべてに粘り強く行動すること。

日本で日々納豆を食べながら、私はたくさんの人と出会い、いろいろなことを味わい、一歩一歩あるいてきた。頑固な性格と粘り強さを発揮して、少しは成長してこられただろうか。この先も、どんなつながりから何が起こるかわからないけれど、ネバーギブアップの精神で楽しく生きていきたいと思っている。

テシ COLUMN 5

腹は北山

江戸時代によく使われた表現「腹は(が)北山」は「お腹が空いた」という意味だけれど、リズムといい語感といい、すばらしい。ほかに「腹が北野天神」ともいい、優れたユーモアのセンスを感じる。

十返舎一九の『東海道中膝栗毛』や落語にも出てくる洒落言葉で、おもに上方でよく使われていたようだ。

京都から望む「北の山が〈透け〉て見える→腹が〈空い〉てきた」という「透(す)く」と「空(す)く」の切れある掛詞が見事だなと思う。さらに、「北(きた)」は「来(く)る」の過去形で、「北山の姿が透けて来た→腹が空いて来た」となる。

すごいなー。これは江戸時代の人たちだけでなく、現代のイタリア人である私にも同じように粋に感じられる。気が利いているというか。

なんだかうれしくなって北山!

おわりに

みなさま、お疲れ様でございまする！

最後までおすき焼きいただき、どうもありがとうございました。「お付き合い」と書こうして誤変換してしまいました。でも、これもまたおもしろいね（直すのやめた笑）。

つたない言葉でうんうん言いながらここまで書いてきましたが、もしかすると日本の礼儀や空気感に合っていない表現もあったかもしれません。そんなときは、最後の章で書いた「おなら」のエピソードのように、私とごく近しい友達になった気持ちで、どうかやさしく受け止めてください。

本書では、すべてのセクションにイタリア料理のコースで出されるメニュー書きを当ててあります。Aperitivoは食前酒、Antipastoは前菜、Primo Piattoはパスタやリゾットなどの一皿、Secondo Piattoはメインディッシュ、Contornoは野菜の付け合わせ、Dolceはデザート、Digestivoが食後酒です。

この本のお味はいかがでしたか？　好みは人それぞれだと思いますが、まずまずおいしく召し上がっていただけたなら望外の喜びです。

Digestivo

＊

本を一冊書く（しかも日本語で！）というのは、私にとって大きなチャレンジだった。いろいろ考えながらああでもない、こうでもないと書き綴っては直す日々。おかげで人間的にもまた成長できたような気がする。これまでの人生を振り返っても、間違いなく特筆すべき経験だった。

16歳のとき、旅の楽しみや言語への関心に胸を躍らせていた私は、いつか自分の本を出版したいとひそかに思っていた。あれから十年、ついにその夢が叶った。

〝いまワタシは16歳。いろんな言語のおもしろさに夢中だ〟

イタリア語で日記にそう書いたあの少女が、イタリア語でも英語でもドイツ語でもなく、日本語で本を書くことになるなんて。だから人生はおもしろい。

この本に収めたさまざまなエピソードや日本語についての考察は、世界のあちこちを旅しながら気分のおもむくままに書いたものだ。うれしかったり、なんか変だと思うような話については、とくに筆が走った。

喜びの涙からも悲しみの涙からも、大きな力を得てきたこの数年間だった。大学を卒業後、コロナ禍のせいでなかなか日本に行けなくてつらかったけれど、その時期に投稿したユーチューブ動画が注目されたおかげで、また新たな人生が始まった。

心から〝沼って〟しまった日本のことを日本語で書く。そう決めた以上、これまで動画では共有してこなかったようなプライベートな面についても、真摯《しんし》に、正直に書いたつもりだ。

この本が、手に取ってくれた方々のなにげない日常に差し込む木漏《こも》れ日のような存在になれたら、こんなにうれしいことはない。言葉のおもしろさや人生の味わいって、ガツンッ！　とくるものより、ジワジワ染みてくるもののほうが栄養になる気がするから。方向音痴な私みたいに、人生という道でちょっと迷子になったとき、ほんの少しでもこの本があなたを元気づけられたらいいなと願っている。

約一年にわたって、日本を中心にイタリア、イギリス、オーストラリア、ニュージーランド、マレーシア、マルタ、リトアニア、ポルトガル、モロッコ、タイ、台湾など世界のさまざまな国で書きつづけてきた。なかでもいちばん印象に残っている執筆場所は、西表島《いりおもてじま》のテントの中。蚊にさされた足を掻《か》き掻きキーボードを叩いたのはいい思い出だ。

*

この本を手に取り、ここまで読んでくださったすべての方に感謝します。

それから、16歳のとき本を書きたいという夢を打ち明けたイタリア文学の先生（Prof. Roberta Cognola）に。「テッサ、あなたがどんな冒険をしようと、どんな偉業を成し遂げようと（きっと多くのことをやり遂げると思うわ）、他者に対して常にやさしく接することを忘れないで。なぜなら、誰もがいつだって私たちに何かをあたえ、教えてくれているんだから。人の豊かさは外見ではなく、内側にあるのよ」そう言ってくれた言葉は今も忘れない。

Mamma Tamara（母のタマラ）、「日本語のままでもいいから」とずっと本の原稿を見せてと頼まれたのに少ししか送っていなかったpapà Piero（父のピエーロ）、Asia（妹のアジア）、Luis Felipe、Aluna（兄のアルーナ）、Valery. Zie e zii、Cugini e cugine、Lara、Diana、Dhanshi、Pilota Franz、花子、美咲さん、ともこさん、Mercedes、Katia、Habibissima Sara e Moataz、ララ Horin 〝様〟、Mako、Loreta、Amici del Journal de Borde、Kathryn、Tanya、Elena、Highcliffe Sixth Form、Liceo linguistico S.M. Scholl、Joseph Bills、Prof. Laura Moretti、A.M.E.S. Cambridge、すべての先生や教授のみなさま、ソン先生、Dr.

Shores、Emmanuel College Cambridge・上智大学・明治学院大学のみなさま、田中先生、清話会、佐々木さん、Sig.Marco Simeone、Yuji Hatori、Manabu Wadano、湯河原のみなさま、CRAZY WEDDINGのみなさま、スージーのご家族、EVAのご家族、「今日は快晴です」のよしこさん、カズ、浅川さん、バレンさん、一菜さん、たくや、もえか、りさちゃん、中村さん、Maria、ベトナムの夜行バスで知り合い「湯友」になった琴音、上海空港で迷子になっていたとき助けてくれて親友になった美玖、台湾の兄弟、美濃市のあゆみさん、鹿児島の「マミーズカフェ」のママ、イルカゲストハウスのおかみさん、バカンスのみなさん、七絵、マナミ、ダラ、屋久島のゲストハウス「とまり木」で友達になった楓花、Fadime、ゆうすけ、札幌のUNTAPPED HOSTELのジンさん、名山堀の「あかね」さん、サムライフラッグチャンネルやテシちゃんねるの視聴者のみなさん、小値賀の御縁さん、メロディーＢＯＸのママ、お豆腐屋「お袋」のおかあさん、Chiara、Nicco、Mich e tutta Walham House、昭良、豪さん、朱音さん、「天政」のマスター、Kazumi、Soichiro、Kamataさん、Rentaro、Ide、Ken-ken、Japan Foundationのみなさま、みゆ、Haruka、Coto Japanese Academyのみなさま、TOKYO SPINE BOX/CrossFit Otemachiのみなさま、ヒッチハイクで乗せてくれた方々、真紀と理子のご家族、麻紀、鹿児島の「ふとし」のご夫婦、はじめて日本で浴衣を買ってくれたおばあさまの信子さん。

ほかにもお世話になった方々がたくさんいます。一人ひとりお名前を挙げていたら何ページにもなってしまいそうなのでこれで終わりにしますが、すべての方々へ、最後にあらためて感謝の言葉をお伝えしたいと思います。

本当にありがとうございました。

私の日本との関わりは、まだまだ始まったばかりです。

どうか今後ともよろしくお願いいたします。

よいしょーっ！

２０２４年４月１日

テシ

Tessa Rizzoli

写真協力

高木真子（口絵P1中央）

佐藤玄主（口絵P3／P121）

Fernando Nicolás Pastorino Pardiñas（口絵P4）

伊藤祐也（P132）

中村 航（P198）

テシ・リッゾーリ *Tessa Rizzoli*

1997年生まれのイタリア人。「テシ」はニックネーム（漢字は「輝織」）で本名はテッサ。ケンブリッジ大学アジア・中東学部日本学科卒。高校時代に知った俳句から日本に強い関心を抱く。大学3年のとき東京・高円寺に住み上智大学に留学。歯科クリニックやラーメン店などでアルバイトをしながら、持ち前の行動力で日本語と日本文化の探索を続ける。2020年、英国で開かれた日本語弁論大会で優勝。コロナ禍にはロンドンで日本のテレビ局レポーターを1年間務め、以後YouTuberとしても活躍。入国制限が解けた22年秋に訪日、長崎～小値賀島～鹿児島～福井～京都～埼玉～東京などをヒッチハイクしながら取材旅行。23年、外務省が発行をはじめた未来創造人材ビザでふたたび来日。イタリア語、英語、ドイツ語、スペイン語、ポルトガル語、日本語の6カ国語を操る。日本語能力試験N1取得。現在、東京都内の古民家に暮らす。

YouTube @tesstabi「テシちゃんねる」
Instagram @tess.tabi

イタリア女子《じょし》が沼《ぬま》ったジワる日本語《にほんご》

2024年 5月5日　第1版第1刷　発行
2024年11月2日　第1版第4刷　発行

著　者　テシ・リッゾーリ

発行者　株式会社亜紀書房
〒101-0051 東京都千代田区神田神保町1-32
電話 03-5280-0261（代表）
03-5280-0269（編集）
https://www.akishobo.com

装　丁　坂川朱音（朱猫堂）
DTP　山口良二

印刷・製本　株式会社トライ
https://www.try-sky.com

Printed in Japan　ISBN978-4-7505-1840-4 C0095